Christian Felber

# Die innere Stimme

Wie Spiritualität, Freiheit und
Gemeinwohl zusammenhängen

 **Christian Felber**, Univ.-Lektor Mag., geboren 1972, studierte Spanisch, Psychologie, Soziologie und Politikwissenschaft in Madrid und Wien, wo er heute als freier Publizist und Buchautor lebt. Er ist international gefragter Referent, zeitgenössischer Tänzer, Lektor an der Wirtschaftsuniversität Wien und Autor mehrerer Wirtschaftsbestseller (»50 Vorschläge für eine gerechtere Welt«, »Neue Werte für die Wirtschaft«, »Gemeinwohl-Ökonomie«, »Retten wir den Euro!«, »Geld. Die neuen Spielregeln«). Er initiierte den Aufbau der »Gemeinwohl-Ökonomie« und der »Bank für Gemeinwohl«.

## Danksagung

Ich bedanke mich beim Team der Publik-Forum-Edition für die Anstiftung zu diesem Projekt und seine gemeinsame Umsetzung sowie bei meinen FreundInnen Vivian Dittmar, Martin Kirchner und Albert Wirthensohn für die Durchsicht und Kritik der Entwürfe. Bei meiner Partnerin Maga für das Rütteln und Schütteln des Vorwortes, bis es stimmig stand.

# Inhalt

# Vorwort

Mit diesem Büchlein möchte ich alle LeserInnen ermutigen, auf ihr eigenes Herz zu hören – und auf diese Weise ein Stückchen mehr sich selbst sowie Sinn und Orientierung im Leben zu finden.

Der Ursprung des vorliegenden Textes war die Einladung von *Publik-Forum*, über den Zusammenhang zwischen der von mir vertretenen Gemeinwohl-Ökonomie und meiner spirituellen Motivation zu schreiben.

Dieser Vorschlag kam mir entgegen, da mein politisches Engagement kein losgelöster Selbstzweck ist, sondern einem viel größeren Hintergrund entspringt, den ich in den Sachbüchern, Vorträgen und Interviews bisher bewusst nicht zum Thema machte. Auf Dauer tut das nicht gut.

In mir ist in den letzten Jahren das Bedürfnis erwacht, über mein Weltbild, mein Selbstverständnis und meine ganz persönliche Motivation für mein gesellschaftliches und politisches Engagement zu schreiben. Somit lege ich dieses Büchlein bewusst als Ergänzung zu meinen »politischen« Schriften an. Es ist ein sehr privates, in einigen Aspekten beinahe intimes Buch, eine Art Bekenntnis, das auf diese Weise öffentlich wird. Damit tue ich mich nicht leicht, und ich habe fünfzehn Jahre lang mit diesen Zeilen zugewartet, seit ich das erste Mal etwas zum Thema niedergeschrieben habe. Jetzt ist der Zeitpunkt gekommen: Ich zeige mich ein Stück mehr, ich lege offen, was mich im Innersten antreibt, motiviert, nährt, inspiriert.

Meine Motivation war von Beginn an eine ganz andere als die, welche der Name »Attac« vermuten lässt – mit dem ich unglücklich war und den ich gerne durch »GlobalEyes« ersetzt hätte. Wir entschieden uns dann aber anders. Meine Motivation speist sich aus Werten wie Empathie, Zärtlichkeit, Verbundenheit und Liebe.

Solche Kategorien sind gewagt und nicht unproblematisch. Spiritualität und Politik sind in weiten Kreisen einander immer noch spinnefeind. Einige LeserInnen werden mit den folgenden Seiten nichts anfangen können oder darin sogar gefährliche Abhänge und einen Rückfall in voraufgeklärte Zeiten orten. Diese Gefahr ist immer gegeben, wenn jemand über persönliche Erfahrungen berichtet, die andere nicht unmittelbar nachvollziehen können.

Auch deshalb ist mir wichtig: Diese sehr persönlichen Zeilen erheben keinerlei Anspruch auf Allgemeingültigkeit. Mit diesem Büchlein soll nichts »legitimiert«, keine politische Forderung »begründet«, sondern nur ihr Hintergrund beleuchtet werden – aus meiner subjektiven Wahrnehmung. Und: Es ist gut vorstellbar, dass Menschen mit ganz anderen Zugängen zu denselben Einsichten und Werten gelangen.

Ich möchte mit dieser Schrift nicht polemisieren oder provozieren, sondern ehrlich sein, mir selbst und der Öffentlichkeit gegenüber, der ich durch meine publizistische und politische Arbeit intensiv ausgesetzt bin. Gleichzeitig möchte ich mich der immer häufigeren Frage stellen, was mich »nun wirklich« antreibt beim Aufbau einer »Gemeinwohl-Bank«, bei der »Gemeinwohl-Ökonomie« oder einer »souveränen Demokratie«. Eine Frage, die ich mit dieser Schrift, geschrieben mit Herzblut, beantworte. Für mich ist diese Schrift ein Akt der maximalen Authentizität und damit – hoffentlich – eine Friedensschrift.

# Mystik und Spiritualität

## Mattsee

Ich bin am Mattsee im Salzburger Alpenvorland aufgewachsen und war von klein auf mit dem See und seiner Uferlandschaft quasi verwachsen. In sie bin ich hineingewachsen, bin ins Wasser gegangen, eingetaucht, habe mit der Hand kleine Fische und mit der Angel große gefangen, die wir dann zu Hause gegessen haben. Ich habe Luft- und Wassertiere beobachtet: Vögel, Libellen, Wasserläufer, Frösche, Molche und vor allem Hechte, Aale, Welse, Rotfedern, Schleien, Brassen, ab und zu die Rarität einer Seeforelle, die kaum einmal zu erwischen war. Nur an schwülen Hochsommertagen, wenn die Witterung sie leichtsinnig und unvorsichtig machte. Ich habe den Seerosen beim Ausbreiten zugesehen, stundenlang, Tag um Tag, die ganze Saison hindurch. Im Winter fror der See regelmäßig zu, oft lange nach den ersten Schneefällen. Es schneite, graupelte, fror, schüttete erneut, »patzte« und ging wieder in Schneefall über. Meist war es milchiges und amorphes Schneeeis, wenn wir Glück hat-

ten spiegelglattes Kerneis, von dunkel- bis schwarz-
grüner Farbe, durch das die See-Seele empordäm-
merte und das Betreten beim ersten Mal unheimlich
war: Würde es wirklich tragen?

Das Spiegeleis ist das festeste und tragfähigste Eis,
fünf Zentimeter reichen aus, um Menschen sicher zu
tragen. Doch das Eis, auch das perfekteste, lebt wie
Holz. Es »arbeitet«, je kälter, desto intensiver. Es dehnt
sich aus und »büht« dabei wie ein »Mooskalb«, das bei
Vollmond kreißt und wummert. Durch den Ausdeh-
nungsdruck stülpen sich »Wachten« auf, die bis zu einem halben Meter bedrohlich hochragen wie militärische Sperrzäune. Dazwischen ist offenes Wasser, es
besteht akute Lebensgefahr. Die Alten erzählten uns
von Unfällen, vom einsamen Eiswanderer, der die Ab-
kürzung über den See nehmen wollte, als sich plötzlich unter ihm das Eis öffnete und ihn verschluckte
wie ein Seeungeheuer, um sich gleich darauf wieder
zu schließen und die Beute nicht mehr preiszugeben.
Wenn man auf dem Eis geht und dieses auf der gesamten Seeoberfläche arbeitet, sprüngelt und don-
nert es oft in einem fort. Das ist unheimlich, und man
ahnt die Macht driftender Kontinentalplatten, die,
wenn sie aneinanderreiben, Erdbeben von gewaltiger
Zerstörungskraft auslösen.

Wir durften diese Eisbeben miterleben, die jede
Zelle erfassten, eine Stimmung aus Gewitter und

Krieg heraufbeschworen und abends und nachts noch in der Seele nachbebten. An solchen Tagen waren wir ganz von der Natur eingenommen, die ganze Aufmerksamkeit, alle Sinne waren auf den See, das Eis, den Schnee, den Raureif, die Nebel und die Wolken gerichtet. Und am Abend eines solchen Tages waren wir stets tief erfüllt von der Natur, dem Wetter, der Welt, von Harmonie und innerem Frieden.

## Einssein

Als ich acht Jahre alt war, begann ich diese Erfahrung der Verbundenheit, diese Einheit mit allem, bewusst zu suchen. Ich ging im Sommer oft täglich vor oder zu Sonnenaufgang fischen – aber nicht nur, um Fische zu beobachten und zu fangen, sondern vor allem, um die Stille, die Wasseroberfläche, die Wolken und das gesamte Ökosystem zu erfahren, in ihm zu versinken. Diese magische Verschmelzung löste süße, tief befriedende – heute würde ich sagen spirituelle – Gefühle aus. Was ich suchte, war, mit allem eins zu werden, alleins, aufzugehen in einer größeren mystischen Einheit. »Der Mensch ist nur ein Faden im Netz des Lebens«, sagte Häuptling Seattle. So empfand ich mich als Teil des großen Ganzen erfüllt mit dem unermesslichen Reichtum des Universums, mit allen Lebewesen, Formen, Farben, Eigenschaften und Werten. Ich war teilhaftig an allem. Und dieses Ganze war nicht unheimlich oder feindselig, sondern klar, harmonisch und zutiefst friedlich; es war voller Weisheit und Liebe – Ausdruck einer höheren, kreativen Intelligenz, die sich aber in unauffälliger Stille und scheinbarer Reglosigkeit verbarg. Bescheiden ist das Universum, unprätentiös.

## Werte

Aus dieser mystischen Erfahrung erwuchsen Werte, mir heilige Werte. Ein Ethos der Einheit und Verbundenheit. Wenn alles mit allem zusammen- und voneinander abhängt, dann ergeben Egoismus, Rücksichtslosigkeit und Konkurrenz schlagartig keinen Sinn mehr; sie führen zu Verletzungen und schädigen das Ganze. Zu meinem Werte-Stern, anfangs nur erfühlt, nach und nach verbalisiert (am Anfang war das Fühlen, und diese Herzwahrnehmung ist Wort geworden), zählen: Achtsamkeit, Aufmerksamkeit, Präsenz, Authentizität, Empathie, Wertschätzung, Reziprozität, Kooperation, Großzügigkeit, Teilen und Verzeihen.

Die »Kernenergie« hinter diesen erfahrenen Werten ist ein tiefes, feines Glücksgefühl der Einheit mit allem, von der hochfrequenziellen Qualität eines Orgasmus, jedoch in anhaltendem Zustand, das beständig mit Energie versorgt und es ermöglicht, eine feine Qualität von Beziehung leben zu können: Fürsorge, Aufmerksamkeit, Zärtlichkeit, Kooperation: genuines In-Beziehung-Sein. Vielleicht handelt es sich um die Kraft der Liebe? Die wiederkehrende Erfahrung dieser Energie und die mit ihr verbundenen Werte bestimmen seither mein Leben. Sie sind meine Fixsterne im Dasein. Solche »Leitsterne« führen uns Menschen, sie verströmen eine Kraft, die wir empfangen und in deren Feld wir uns stellen können. Wir müssen dafür unser Herz öffnen, das von dieser Energienahrung ähnlich genährt wird wie der Organismus von einer köstlichen Speise. Das Öffnen des Herzens, der Intuition und des Geistes erfordert Mut – »Beherztheit« –, die Bezwingung der Angst vor dem Ungewissen und das Herabdimmen des dauerschnarrenden Intellekts. Die reale Erfahrung des Glücksgefühls, das immer wieder eintritt und zu dem ich immer wieder zurückkehren kann, ließ mich den Mut dazu aufbringen.

Heute kann ich auch sozialpsychologisch erklären, warum diese Werte so wirksam sind, doch lange Zeit war es eine pure emotionale Wahrnehmung und damit nur eine subjektive Wahrheit. Heute, nachdem ich es kognitiv zu verstehen begann, betrachte ich es als ein »Gesetz des Universums«. Die aufgezählten Werte entfalten Energie, weil sie Beziehungen gelingen lassen. Die stärkste Kraft ist das Gelingen einer Gemeinschaft. Es beginnt mit Mitfühlen und Verbundensein, dem emotionalen Rohstoff für gelingende Beziehungen, die sich zu einem immer größeren Ganzen verweben – bis hin zur kosmischen und mystischen Einheit.

## Gott oder Mammon

Dieses Ur-Ethos sind Beziehungs- und Gemeinschaftswerte, Werte, die Beziehungen jeder Art gelingen lassen. Es sind ganz andere Werte als jene, die auf dem Börsenparkett, in der globalen Macht-Wirtschaft und Standortkonkurrenz, beim Fressen und Gefressenwerden kultiviert werden – es sind die entgegengesetzten Werte. Im Kapitalismus werden Habsucht, Gier, Geiz, Neid, Eitelkeit, Prahlen, Blenden, Lügen, Rücksichtslosigkeit, Skrupellosigkeit und strukturelle Gewalt kultiviert. Sie sind die Monde, die um die schwarze Sonne des Kapitals kreisen. Der Gott des Kapitals und der Gott des Gemeinwohls sind Antipoden *par excellence*. Ich kann bis zum höchsten aller denkbaren Grade dem Kapital und seiner Mehrung – das ist sein einziges Bedürfnis, seine einzige Forderung, seine einzige Bedingung – dienen, oder ich kann dem Gemeinwohl und seiner Mehrung dienen. Beides zugleich ist nicht möglich. Zwischen Gemeinwohl und Kapital gibt es eine zwingende Hierarchie. Das

Kapital kann einen wertvollen Beitrag zum Gemeinwohl leisten, jedoch immer nur als Mittel. Würde es
zum Zweck, träte das Gemeinwohl in den Hintergrund. Es begänne zu kümmern; es würde verkümmern bis zur »ab-soluten« (losgelösten) Durchsetzung des Kapitalismus, der Totalherrschaft des Kapitals, in der jede Bewegung, jede Investition, jedes Unternehmen an der »Rentabilität«, der Finanzrendite,
am Gewinn und am Bruttoinlandsprodukt (BIP) ge-
messen wird: an der Mehrung des individuellen oder
aggregierten Kapitals.

Das Mittel zum Zweck zu machen ist eine kulturel-
le Pathologie sondergleichen, das Werkzeug wird
zum Fetisch, zur perversen Vision und zum fatalen
Leitstern. Die gesamte Weltwirtschaft ist vom Weg
abgekommen und steuert in die falsche Richtung.
Das ist nicht so einfach zu erkennen und nicht auf
den ersten Blick zu unterscheiden. Denn das Gemeinwohl ist im Kapitalismus keineswegs verboten:
Gutbezahlte Arbeitsplätze, die Sättigung Hungern-
der oder Umweltschutz sind nicht Antiziele, sondern
immer wieder auftretende Nebeneffekte im Kapitalismus. Doch sie sind nie der Zweck. Sie können als
Mittel und Vorwand instrumentalisiert werden für
die immer gleiche, finster scheinende Sonne des
Wachstums des Kapitals.

## Materialismus

Wenn das Gute (Ethik, Werte), Wahre (Authentizität, Lebendigkeit), Schöne (Ästhetik, Formen- und Farbenvielfalt, Kunst) wachsen darf, dann blüht das Gemeinwohl. Mit oder ohne, mit mehr oder weniger Kapital. Das Kapital ist primär ohne Bedeutung, es zählen andere Werte. Schon als Kind fühlte ich mich zu diesen Werten auf magische Weise hingezogen; sie zogen mich in ihren Bann wie Gottheiten. Gottheiten sind für mich Werte, die Navigationspunkte im Universum darstellen und Kraftfelder aufspannen.

Auch der Materialismus ist eine Gottheit oder vielmehr ein Götze, weil der Dienst oberflächlich und kurzzeitig, aber nicht nachhaltig und in der Tiefe glücklich macht. Aber er ist mächtig und spannt sein magnetisches Feld aus wie echte Gottheiten. Im Universum regieren Gottheiten und Götzen, die die menschliche Seelen berühren, und viele schwache, Sicherheit suchende oder unbewusste Seelen fliehen auf die Seite des blendenden Kapitals. Sie frönen den materiellen Genüssen und saugen das Geld unbewusst auf wie Muttermilch. Dabei anästhesieren sie ihre Sinne und ihre Sensibilität für höhere, feinere, innere Werte und Lebensziele. Ohne die umfassende Inanspruchnahme der Sinne entsteht kein Sinn. Die Anbetung des Geldes, der Mammon als

Kompass führt in geistiges Ödland, in die spirituelle
Wüste.

## Politik und Spiritualität

Mit Zeilen und Überlegungen wie diesen beginnt man
keine politische Schrift. In der (europäischen) Politik
ist es verpönt, ja praktisch unmöglich, mit Spiritualität
zu argumentieren. Zu Recht gibt es eine massive
Skepsis gegenüber Personen des öffentlichen Lebens,
die ihre Vorschläge, Maßnahmen, Parteiprogramme
oder gar Gesellschaftsordnungen mit »Gott« begründen: Viele, vielleicht die Mehrheit aller Morde wurde
im Namen irgendeines Gottes begangen, und vermutlich die meisten der religiös begründeten Morde im
Namen des Christengottes. Die Kreuzzüge, die Inqui-
sition, der Irakkrieg. Aber auch die Anschläge auf das
World Trade Center und die Hinrichtung der Redaktion von *Charlie Hebdo* in Paris fanden aus Sicht der
Ausführenden im Namen eines Gottes statt. Mit Feuer
und Schwert werden aber nur Angst und Schreckens-
herrschaft verbreitet und nicht Glaube und Liebe.
Liebe schmiedet Schwerter zu Pflugscharen und
wandelt SoldatInnen in GärtnerInnen. Dennoch wird
auch *im Namen der* Liebe geschlachtet ohne Ende.
Gott als politisches Argument taugt nicht und sollte zu
Recht aussortiert werden.

21

Es ist auch gar nicht nötig: Die *Ethik* ist rational und emotional ausreichend, um politische Vorschläge, Maßnahmen und Gesetze letztzubegründen – und für die Postulierung von Werten ist die freie menschliche Vernunft als Letztbegründung ausreichend. Diejenigen, die eine theologische Fundierung von Werten für wichtig halten, können diese »ergänzen« oder die humane Ethik damit grundieren. Und diejenigen, für die Spiritualität »hinter« der Ethik inakzeptabel ist, können eine klare Grenze davor ziehen: Der Mensch hat Würde, weil wir es so sehen – Punkt. Die Menschenwürde ist, was die Begründung betrifft, ein glücklicher Grenzfall: Sie ist sowohl in der Tradition der Aufklärung als auch in der christlichen Theologie und Ethik der höchste Wert. Werte sind Brücken zwischen dem Weltlichen und dem Spirituellen, zwischen dem Profanen und dem Sakralen.

Somit pflege ich seit über 25 Jahren die klare Linie, meine politischen Vorschläge ethisch-rational, in der Tradition der Aufklärung, der Philosophie (von gr. *philos* und *logos* »Liebe zur Weisheit«) und der Psychologie (gr. »Verständnis der Seele«, ursprünglich des »Zwerchfells«), nicht aber einer Religion oder Spiritualität zu begründen. Aus *scientific* und *political correctness*. Was nichts daran ändert, dass ich den Urgrund meiner Arbeit nicht verbergen kann – und auch nicht will. Ich lege jedoch die Motive meines Engagements und meines gesellschaftlichen und politischen Handelns nur auf Anfrage offen und lasse sie allenfalls da und dort in den Texten durchscheinen – nicht um eine Begründung zu erhärten, sondern um meinen Hintergrund offenzulegen. Mit diesem »Kompromiss« bewege ich mich auf politisch korrektem Boden und mache gleichzeitig aus meiner persönlichen Motivation und Grundierung kein »Topsecret«. Dieses Büchlein ist dagegen ein offensiverer Schritt: Es ist ein Bekenntnis, ein spirituelles Outing.

## Spiritualität vs. Religion

Ich bin mit 21 Jahren aus der katholischen Kirche ausgetreten und seither nie wieder in eine Glaubensgemeinschaft eingetreten. Ich kann mich auch an keine Verlockung, dies zu tun, erinnern. Ich wüsste gar nicht, in welche. Für mich sind »Religionen« beeindruckende kulturspezifische Institutionalisierungen des universalen menschlichen Grundbedürfnisses nach Spiritualität oder, besser gesagt, der spirituellen *Conditio humana*. Dazu später Genaueres. Religionen versuchen etwas zu »kultivieren« – zu ritualisieren, zu institutionalisieren und im Entfremdungsfall zu dogmatisieren und zu bürokratisieren –, was am Anfang eine reine Essenz, ein »universelles« Phänomen ist, das über die Anwesenheit der Menschheit auf dieser

Erde hinausreicht. Mir kam dazu ein Bild in den Sinn, das das Verhältnis zwischen Religionen und Spiritualität veranschaulicht: Religionen sind wie Brunnen auf verschiedenen Kontinenten und Orten. Jeder ist unterschiedlich und einzigartig in Form, Material, Bauart und Größe, doch die Essenz, die daraus quillt, ist universell. Menschen suchen überall nach der Quelle, auch wenn sie (ihrem) Gott oder (ihrer) Göttin vor Ort einen anderen Namen geben. Wirklich spirituelle Menschen erkennen einander und anerkennen ihre individuell je anders gewählte und kultivierte religiöse Einbettung und Anbindung. Sie erkennen die spirituelle Essenz hinter der religiösen »Tracht« und setzen spontan und natürlich auf Kooperation, Gewaltfreiheit und Ökumene. Hingegen legen Menschen, die in der Religion eine Sicherheit suchen, die sie in einer authentischen, tief reichenden Spiritualität oder einfach in sich selbst nicht gefunden haben, Wert auf Unterscheidung, fragmentarische Identität und Abgrenzung; sie verwenden Energie aufs Rechthaben und Überzeugen, und sie führen im Extremfall Krieg gegen andere Religionen, verbreiten ihren »Glauben« mit Gewalt. Hier ist Gott so anwesend wie Wasser auf dem Mond, hier werden Religion und Spiritualität zu Antonymen. Das passiert in einem Entwicklungsstadium, bevor Menschen sich in ihrem ganzen schöpferischen und göttlichen Potenzial erkannt, bevor sie überhaupt den Weg der spirituellen Reifung begonnen haben. Der spirituelle Friede kehrt nach den Religionskriegen ein.

## Allverbundenheit

Und dennoch habe oder hatte ich so etwas wie eine »Religion«: Nach dem freiwilligen Ausgang aus dem religiösen Nest in Mattsee war ich – naturgemäß – auf Ersatzsuche, wenn ich auch zunächst nicht wusste, wonach genau ich suchte: nach einer neuen Religion? Nach *keiner* Religion? Zunächst folgte ich Freud: Das Bedürfnis nach Religion ist Ausdruck einer infantilen Psyche, die nach Elternersatz sucht, weil sie das Erwachsensein und die Verantwortung für das eigene Leben nicht anzunehmen bereit ist. Wer braucht schon einen Gott? Religion ist etwas für Kinder! Für den vernünftigen, aufgeklärten Menschen gilt: Der Nadir ist in dir! Du allein bist für dein Leben verantwortlich. Das stimmt ja auch, doch woher stammt der Nadir in mir? Und welche Instanz oder Macht hat mich in dieses Leben, für das ich volle Verantwortung übernehme, geworfen?

Neben der fraglosen Hinnahme des großen Mysteriums gab es mehrere Angebote als Religionsersatz: den GEIST, den großen, der keinen Namen trug, weder Religion noch Spiritualität ist (auch wenn er »spirit« heißt), allenfalls »Metaphysik«; oder die Natur, die allgewaltige, in der sich die Macht der Schöpfungskraft, der kreativen Intelligenz zeigt, wenn auch nur in Form einer Andeutung, einer betörenden Geste. Vielleicht aufgrund meiner Kindheitserfahrungen, vielleicht aus einem anderen Grund war für mich letztlich die Natur das Tor zur Spiritualität. Sie zog mich stärker in ihren Bann als der Geist der Wissenschaft und Erkenntnis. So grenzenlos und alldurchdringend er auch ist, er löst sich schließlich in Nichts auf. Hingegen ist das Fühlen und Berühren konkret und materiell, ebenso die Pacha Mama, die Mutter Erde, in all ihren Formen und Erscheinungen. Sie rief mich. Und ich rief sie an, mir den Weg zu zeigen, mir Orientierung zu geben, mich zum großen Geheimnis zu führen.

Ich wurde erhört. Die Natur wies mir den Weg. Dieser war allerdings lang, er zog sich endlos und führte vom Ausgangspunkt des Schrebergartens am Voralpensee über zahlreiche Stationen der Horizonterweiterung, Herzensbildung und Körpererfahrung. Ganz am Beginn gab es Hermann Hesse und andere Schriftsteller von Thomas Bernhard und Robert Musil bis Rilke und Goethe. Da war viel (tiefen)psychologische Literatur nach Jung und Freud, wie Arno Gruen oder Christiane Olivier. Da waren wissenschaftliche Quellen wie Erkenntnis- und Evolutionstheorie, Systemtheorie und Quantenphysik, aber auch ganzheitliche DenkerInnen wie Fritjof Capra und Ken Wilber. Da war in besonderer Pracht der Buddhismus, aber auch der Hinduismus und andere östliche Weisheitsschulen. Da waren, nicht minder wichtig, indigene Weisheiten aus Nord- und Südamerika: die der Hopi, der Irokesen, der Apachen, aber auch der Maya und Achua. Aus Europa ergänzten keltische und germanische Weisheiten das Bild. Und dann die christliche Mystik, insbesondere diejenige des Benediktinermönchs David Steindl-Rast. Seine Sinnlichkeit ermutigte mich, den eigenen Körper zu erfahren und zu erforschen. Am effektivsten in der Natur: auf dem Fels, im Baum, im Fluss und See. Und natürlich im freien tänzerischen Kontakt mit anderen Körpern: *Contact Improvisation*. Am Ende all dieser Stationen emergierte aus der Summe dieser Quellen meine »Religion«: die Tiefenökologie.

*Wenn* ich mich in eine Schublade stecken ließe, was ich aufgrund des Prinzips der Ganzheitlichkeit, *der Universalität*, ablehne, dann in die der Tiefenökologie. Weil sie der Ganzheitlichkeit am nächsten kommt. Für mich bedeutet Tiefenökologie die Einheit von wissenschaftlichem Erkenntnisstreben, Ethik, persönlicher Lebensführung, achtsamem Umgang mit dem eigenen Körper, politischem Engagement und spiritueller Einbettung. Darunter lockt es mich nicht.

Davor litt ich allerorts an Einseitigkeit, ich suchte immer das Ganze. Das war das früheste und unbewusste Stadium meiner Gottsuche. Gott ist das Ganze, und deshalb ist Gott »Heilung«. »Heil« bedeutet im Mittelhochdeutschen »ganz«, »unheil« bedeutet zerbrochen. Heilung heißt »Ganzwerdung«. »Heim zu Gott« reisen heißt in das Ganze zurückkehren. Gott ist meine Heimat im spirituellen Sinn. Heimweh und Todessehnsucht können Synonyme für die Wiedervereinigung mit dem Ganzen sein.

## Gott

Gott war vorübergehend ein Unwort in meiner Begriffswelt. Zu groß der Schmerz, der mit ihm verbunden, zu groß die Verwirrung und Unklarheit, die der Begriff stiftet, viel zu groß die Macht derer, die ihn instrumentalisieren für ihre nekrophilen Zwecke. Gott war auch für mich tot. Doch er ist wieder auferstanden. Unmerklich, im Laufe vieler Jahre. Als Erfahrung. Und schließlich auch als Begriff, als einer von vielen. Für mich ist Gott/Göttin dasselbe wie die Quelle, die kreative Kraft und Intelligenz, das Licht, die universale Energie, der große Geist oder das Mysterium. Ich habe meinen begrifflichen Frieden mit Gott/Göttin geschlossen, weil ich meine ganz persönliche Erfahrung mit ihr gemacht habe und meine ganz persönliche Beziehung zu ihm pflege. Und ich respektiere zutiefst alle Menschen, für die Gott/Göttin keine Erfahrung ist und die diesen Begriff erst gar nicht verwenden wollen. Ich verstehe es aus meiner eigenen Geschichte nur allzu gut.

## Tiefenökologie

Die Essenz »meiner Religion«, der Tiefenökologie, ist, dass alles mit allem verbunden ist. Der Kosmos, das Universum, ist ein großer Zusammenhang. Das steckt schon im Begriff »Uni-versum«. Es heißt wörtlich »ein Vers«. Vielleicht auch »ein Lied« oder eben ein großes Ganzes. Das wollte ich zunächst studieren und erkennen, was die Welt im Innersten zusammenhält! Das zu erfassen und zu erfahren war mein »heißes Bemühen« als frisch gebackener Maturant, vor der Entscheidung stehend, ob mein Weg an die Universität führen sollte oder doch anderswohin. Also suchte ich nach dem Studium der Universalwissenschaften. Doch die sogenannten Universitäten konnten mir dies nicht anbieten. Sie haben vergessen, was ihr Name bedeutet. Sie haben nur noch hermetisch voneinander abgeschottete Ausschnitte des Ganzen im Angebot: Wissensbissen, Wissenssplitter. Das ist langweiliger akademischer Autismus, das ist »toter Geist«, weil unverbunden. Nichtholistische Universitäten sollten dementsprechend in Multiversitäten oder Polyversitäten umbenannt werden und streng ethymologisch (gr. *ethymos* = Wahrheit; *logos* = Wort) in Perversitäten. Lateinisch *pervertere* heißt verkehren. Genau das ist es, Universitäten haben ihren ursprünglichen, namengebenden Sinn verkehrt: Sie bieten nicht mehr den Zugang zum Ganzen an, sondern nur noch zu den Teilen des Ganzen. Sie sind »unheil«.

Der Ansatz der Tiefenökologie versucht zu heilen und Verbindungen herzustellen: zwischen dem Intellekt und dem Fühlen; zwischen Mensch und Natur; zwischen Technik und Ethik, zwischen Wissenschaft und Alltag, zwischen Geist und Materie, zwischen Geistes- und Naturwissenschaften. Dieses systematische Auflösen von Dualismen, die Heilung von unnötigen Trennungen, ist »angewandte Mystik«, eine außer Acht geratene Aufgabe vieler Religionen. Wenn ein Grundbedürfnis von den traditionellen Institutionen nicht mehr gestillt wird, öffnet sich eine »Energielücke«, und neue »AnbieterInnen« kehren ein. Haarig wird es, wenn einem jungen Menschen dieses Bedürfnis nicht klar bewusst ist und dröhnende Stimmen von beiden Seiten ihn verführen: Einerseits locken Angebote kommerzieller Spiritualität; andererseits wird pauschal vor Sekten und Scharlatanen gewarnt und das spirituelle Kind mit dem esoterischen Badewasser ausgegossen. Wer hat schon für sich die Begriffe Religion, Esoterik, Mystik und Spiritualität sicher geklärt und erkennt das eigene Bedürfnis kristallklar?

Für mich war die Tiefenökologie zunächst einfach Tiefenökologie, weil ich noch kein bewusstes Bedürfnis nach »Spiritualität« hatte, ich hatte diese Begriffe noch nicht geklärt. Ich wurde mir erst später dieses Bedürfnisses und dieses Bestandteils meines Wesens und meiner selbst bewusst.

## Netz des Lebens

Tiefenökologie, aber auch die Ökophilosophie sind eine geistige Haltung und eine Wahrnehmungsqualität der Ausweitung des Selbst auf alles Leben, den ganzen Planeten und schließlich das Universum. Man könnte es die totale Entgrenzung der Wahrnehmung, wörtlich auch Transzendenz, nennen. Vorweg: Abgrenzung und Entgrenzung sind beides wichtige Qualitäten, beide unverzichtbar; doch was ich hier so locker und flüssig niederschreibe, ist Ergebnis eines jahrzehntelangen Entwicklungs- und Erkenntnisprozesses.

Schon im Psychologiestudium lernte ich die Unterscheidung zwischen dem egoistischen Ich, das nur die eigenen Bedürfnisse im Blick hat und diese auch auf

Kosten der Umwelt durchzusetzen und zu befriedigen versucht, zum sozialen Selbst, das in empathische Beziehung zu anderen Menschen tritt und ein Interesse an gelingenden Beziehungen und Gemeinschaft entwickelt: zum »weiteren« Sozialwesen reift. Der Ansatz der Tiefenökologie geht eine Dimension weiter – und tiefer – und lässt die Grenzen des Selbst zur natürlichen Umwelt verschwimmen. Die Identifikation weitet sich auf andere Lebewesen und Ökosysteme aus: die tropischen Regenwälder, die Gebirgszüge, Meere und Wüsten und schließlich auf den ganzen Planeten und dessen kosmisches Umfeld. Nehmen wir diese Haltung der Entgrenzung und Einswerdung ein, erfahren wir die Seele des Adlers und des Berges, des Meeres und des Delfins, der Ringelblume und des Bergkristalls. Wir werden eins mit allem und beginnen mit allem zu schwingen und zu fühlen. Die berühmte »sympathy«, von der der schottische Moralphilosoph und gleichzeitig erste berühmte Nationalökonom Adam Smith schrieb, kommt diesem Mitfühlen vielleicht nahe. Folge des »gemeinsamen Fühlens« (gr. *syn* = gemeinsam; *pathos* = Leidenschaft) ist nicht nur ein tieferes Verständnis, die Annahme und Liebe des anderen, sondern auch das Mitfühlen, wenn den Ökosystemen oder anderen Lebewesen Leid widerfährt und Schmerz und Schaden zugefügt wird. Mir tat Umweltzerstörung immer weh, biswei-

len so, als erführe ich sie am eigenen Leib. Die Öko-
psychologin und Tiefenökologin Joanna Macy arbeitet mit diesen Schmerzen durch ökologische Zerstörung in Form ökologischer Trauerarbeit. Schon
Häuptling Seattle formulierte diese Erfahrung des
Mitleidens: »Alles, was der Erde widerfährt, widerfährt auch den Söhnen und Töchtern der Erde.« Wir
können uns nicht vollständig abgrenzen von dem,
was unserer Mitwelt passiert. Wir haben zwar die
Möglichkeit der Verdrängung und können auch bewusst versuchen, uns durch Nicht-Hinschauen und
Nicht-Hinspüren abzugrenzen. Doch unbewusst bekommen wir alles mit und können uns nicht vor dem
Mitwissen schützen. Und das bewusste Nicht-Mit-
fühlen hat, wie jede Unterdrückung einer Wahrnehmung, eines Gefühls oder Bedürfnisses, seinen Preis:
Wir werden kalt, hart und krank.

Durch Häuptling Seattle verstand ich plötzlich einen Schlüsselsatz Jesu: »Was du deinen Nächsten hast
getan, das hast du mir getan.« Ich habe diesen Satz
lange Zeit nicht verstanden – in der Schule nicht, in
der Kirche nicht. Irgendwann zwischen dem zwan-
zigsten und dreißigsten Lebensjahr leuchtete mir ein,
was er bedeuten könnte: Wir sind alle eins. So ergibt
auch das Gebot »Liebe deinen Nächsten wie dich
selbst« noch mehr Sinn.

## Gaia lebt

In der tiefenökologischen Weltsicht ist der Planet Erde, die »Pacha Mama« oder Gaia, kein von uns Menschen abgetrenntes Ressourcenlager, das wir grenzenlos ausbeuten und über das wir verfügen könnten wie über Privateigentum. Die Titanin ist keine Untertanin, sondern ein lebendiges und lebenspendendes Wesen, eine unermesslich reichhaltige und erneuerbare Quelle von Leben.

Die Gaia-Hypothese von Lynn Margulis und James Lovelock besagt genau das: Die Erde ist ein lebendiger, sich selbst regulierender Organismus, sie ist ein Lebewesen! So ungewöhnlich das für manche klingen mag, für diese These lassen sich überprüfbare wissenschaftliche Kriterien anlegen: milliardentonnenschwerer Stoffwechsel, Wachstum und Schrumpfung, Temperatur- und Feuchtigkeitsregulierung, Artenvielfalt und Evolution ... vielleicht auch Bewusstheit und Geist. Den viele Menschen bloß nicht erkennen, weil das eigene Bewusstsein noch nicht so weit entwickelt ist? Die Gaia-Hypothese ist vor vierzig Jahren entstanden, aber schon vor mehreren Jahrhunderten haben berühmte ZeitgenossInnen ähnliche Wahrnehmungen geschildert: »Ihr Fleisch ist der Boden; ihre Knochen die Anordnung und Zusammensetzung der Felsen, die die Berge formen; ihre Knorpel sind der Kalkstein; ihr Blut die lebendigen Flüsse.« So sah es Leonardo da Vinci im 15. Jahrhundert.

## Von der Anthropozentrik zur Ökozentrik

Der Universalgelehrte aus der Toskana hatte ein Weltbild, das sich radikal vom darauffolgenden mechanistischen eines Newton, Descartes oder Offray de la Mettrie (»L'homme machine«) unterscheidet. Wissenschaftlicher Machbarkeitswahn, industrieller Fortschrittsglaube und kapitalistischer Wachstumszwang beruhten auf dem anthropozentrischen Weltbild – aber auch die missglückte Metapher vom Menschen als »Krone der Schöpfung«. Dagegen stehen Tiefenökologie und Ökophilosophie für ein ökozentrisches Weltbild: Nicht der Mensch steht im Mittelpunkt, sondern die Schöpfung als Ganzes. Die Vorstufe wäre das biozentrische Weltbild, welches das Leben in den Mittelpunkt stellt und der »Biophilie« Rechnung trägt, der »Liebe zum Leben«. Wer das Leben liebt, macht sich die Erde nicht mehr untertan, sondern praktiziert ökologische Empathie und sucht das Gleichgewicht mit der Natur. Wer neben den Lebewesen auch die unbelebte Materie, die Gesteine, Berge, Vulkane, Wolken, Wüsten und Winde in die allumfassende Betrachtung und Identifikation mit hineinnimmt, erschafft ein ökozentrisches Weltbild, das eigentlich ein Widerspruch in sich ist, weil es kein »Zentrum« mehr gibt. Man könnte es deshalb auch »ökologisches Weltbild« nennen. Oder, um den Zoom gleich auf maximale – universale – Weite zu stellen: »kosmisches« Weltbild. Dann wird auch keine Milchstraße und keine Galaxie vergessen.

## Umweltschutz aus Selbstschutz

Durch die Ausweitung meiner Identität auf den gesamten Planeten fühle ich mit ihm mit, als wäre er mein eigener Körper. Umweltzerstörung wird so zur Selbstzerstörung. Ich erlebe das tatsächlich so: Werden Wälder gerodet, ist das, als würden die Menschen der Mutter Erde die Haare ausreißen; das Schürfen von Rohstoffen lässt offene Wunden in ihrer Haut, und die Abgase verpesten die Lungen der Erde. Einen Fluss zu begradigen kommt der Vergewaltigung der Seele der Erde, ihrer »Eigenart«, gleich. Die Natur ist nicht gleichförmig, parallel, symmetrisch, monoton und monochrom. Sie ist bunt, vielfältig, unberechenbar und spontan. Und so sind auch wir Menschen und unsere Seele. Wir können dies annehmen und genießen und diese Qualitäten integrieren, oder sie ablehnen, abspalten und verdrängen – und in uns selbst und anderen und in der Natur bekämpfen. Dann beginnt die Selbstzerstörung im Inneren: Wir bekämpfen die eigenen Gefühlsregungen, Bedürfnisse, Intuitionen und Schwächen. Und im Äußeren begradigen wir die Natur, wir betonieren sie zu, wir stauen die Flüsse auf, spritzen Kunstdünger und Biozide auf die Ackerkulturen und versuchen das Erbgut zu verbessern und »unwertes Leben« zu tilgen. Parallel zur Entfremdung der Menschen von unseren Gefühlen, Bedürfnissen und Intuitionen entfremden wir uns als Zivilisation vom Planeten, den Ökosystemen und unseren Lebensgrundlagen.

Die Abtrennung der Mitwelt in »Umwelt« (der Schöpfungskrone) kann nicht erfolgreich sein, sie führt zu Vereinsamung, Krankheit, Krise und Tod: »Wenn die Tiere alle verschwänden, würden die Menschen an einer großen Einsamkeit des Geistes sterben«, formulierte Häuptling Seattle. Durch die Identifikation mit der äußeren Natur wird die Bewahrung der Natur vor Zerstörung zu einem intrinsischen Anliegen. Umweltschutz wird zur Selbstverteidigung, zum Ausdruck von Selbstachtung und Selbsterhaltung. Nach der Weitung auf das ökologische Selbst überlegen wir in der Regel, bevor wir einen Handlungsschritt setzen, einen bestimmten Lebensstil wählen, eine Essgewohnheit annehmen, wir spüren und forschen nach, welche globalen Folgewirkungen dies hat: auf andere Lebewesen, auf die Ökosysteme, auf die globalen öffentlichen Güter und auf die Lebenschancen kommender Generationen. Lebewesen in der Gegenwart und Zukunft, mit denen wir, wenn wir es nur zulassen, verbunden sind.

Ich besaß aus Prinzip noch nie ein Auto, weil ich Autos als Komposition verschiedener Aspekte von Gewalt empfinde: der Lärm und Gestank, den sie verursachen; der gigantische Platz, den sie in Anspruch nehmen; die permanente Gefahr, die sie für Kinder und Ältere darstellen; die Aggressionen, die beim Fahren hochkommen; die kriegsnahe Zahl an Verletzten und Toten, die im Straßenverkehr anfallen; die Materialien, die aus dem Boden des Regenwaldes kommen; das Öl, für das Krieg geführt und das Klima verändert wird ... Autos sind für mich strukturelle Gewalt und nehmen mir Freiheit. Ich bin auto-frei.

## De-ligion als Sündenfall

Die Verdrängung, die Abtrennung, Abspaltung und Dissoziation ist die große Tragödie der abendländischen Kultur (diese kenne ich). Aus dem unheiligen Zusammenspiel von Kirche, Patriarchat und verkopfter Wissenschaft haben wir kollektiv gelernt, uns von unseren Gefühlen abzuschneiden, von den Empfindungen und Bedürfnissen unseres Körpers, von der Quelle der Intuition und der Kraft der Sexualität, von der inneren und äußeren Natur. Zum einen macht uns das schwach, es mindert unsere Lebensenergie und unseren Freiheitswillen. Zum anderen wird uns das, was wir von uns abgetrennt haben, fremd. Was uns fremd ist, macht uns tendenziell Angst. Und was uns Angst macht, das neigen wir anzugreifen und zu bekämpfen: die Gefühle als Ausdruck der inneren Natur und die Ökosysteme der äußeren, von der wir entbunden sind. Diese kognitive Entbindung geht oft einher mit der Sicht des Menschen als Maschine, des Universums als »Uhrwerk« (Descartes), von Märkten und Staaten als »großartiges System« (Adam Smith), von Frauen als Gebärmaschinen und vom Planeten als Ressource. Ich bin in einer Welt triefend voll mit Frauenwitzen, Judenwitzen, Ausländerfeindlichkeit, und Homosexuellenverachtung aufgewachsen. Wer zarte Gefühle zeigte, hatte verloren, wurde verlacht, verhöhnt, gehänselt, gequält, gemobbt und ausgegrenzt. »Warmer«. »Neger«. »Hexe«. Die Natur wurde gar nicht wahrgenommen, nur die Technik, die Motoren, Kraftfahrzeuge. Ich arbeitete in meiner verzweifelten Suche nach der Natur freiwillig auf drei Biobauernhöfen in Frankreich, Spanien und Österreich. Einmal brach ich ab, als mir der Bauer gleich am ersten Tag erklärte, welchen Baum er als Nächstes »herausfetzen« werde mit seiner »Flex« (= Motorsäge).

De-ligion ist wörtlich die Ab-Bindung, die zu Entfernung, Fremdheit, Angst und letztlich Krieg führt:

zuerst zum Krieg des Individuums gegen sich selbst, seine Gefühle, Intuitionen, feineren Sinne und Wurzeln; zum Krieg zwischen Männern und Frauen, zur Vernichtungskonkurrenz zwischen Unternehmen und Staaten, zum Kreuzzug des Menschen gegen die Natur. Deligionen schaffen Trennung, Religionen Heilung. »Deligionen« schaffen Legionen von emotionalen und ökologischen Autisten und außengehorsamen Soldaten: eine manipulierbare Menschenmasse, die jeden Krieg mitmacht. Religionen bewirken das Gegenteil. Sie verbinden wieder und sind ein Werkzeug des Friedens.

## Religion

Die Aufhebung dieser fatalen Trennung, die Wiederanbindung, wörtlich die Re-ligion (von lat. *religio*, zurückbinden, wiederanbinden), ist die Heilung, sie bringt den Frieden an all diesen Kriegsschauplätzen. Den Frieden der menschlichen Individuen mit sich selbst durch die Versöhnung mit den eigenen Bedürfnissen, Gefühlen, Intuitionen, Feinsinnen und Antennen. Den Frieden zwischen den Geschlechtern. Die Versöhnung von Unternehmen und Staaten in bewusster globaler Kooperation. Und den Frieden mit der Natur. »Der erste Friede entsteht in dir, wenn du gewahr wirst, dass in deiner Mitte Wakan Tanka (der

Große Geist) lebt und dass er in der Mitte aller Wesen der Erde lebt und dass du mit allem verbunden bist. Daraus erst kann der Friede zwischen zwei Menschen entstehen und in weiterer Folge Friede zwischen Völkern«, sprach der Lakota-Medizinmann Black Elk. Religion ist eine spirituelle Praxis. Dank Religion werden wir wieder zum Teil eines größeren Ganzen. Durch Religion werden wir eins in Gott. Wenn die Religionen ihre Urfunktion vergessen, weil sie von ihrer spirituellen Quelle getrennt sind, kann Spiritualität »beyond religion« zur Heilung führen.

## Doppelte Identität

Auch wenn die Re-ligion gelingt, sind wir nicht *nur* Teile eines größeren Ganzen: Wir sind auch einzigartige »Individuen«, unteilbare, vollständige Einheiten und Lebewesen. Dass diese beiden Dimensionen oder Identitäten einander nicht widersprechen, sondern zusammengehen, beschreibt der Begriff Holon: Etwas ist sowohl ein Ganzes als auch Teil eines größeren Ganzen. So viel Dialektik müsste einer aufgeklärten Vernunft zumutbar sein. Im postdualen Denken hat jedenfalls das »Sowohl-als-auch« das »Entweder-oder« abgelöst. Der Mensch ist nicht entweder gut oder böse, Wasser ist nicht entweder flüssig oder gasförmig, Essen ist weder immer gesund noch immer ungesund, und Menschen sind nicht ausschließlich Individuen und nicht ausschließlich Sozialwesen: Sie sind Individuen *und* Sozialwesen. Und beiden Identitäten liegt ein hoher, ja höchster Wert zugrunde: dem Individuum die Freiheit und dem Sozialwesen die Gemeinschaft. Solange das Denken dualistisch (entweder – oder) ist, prägen sich konsequenterweise Denkströmungen aus, die den einen Pol überhöhen und gegen den je anderen durchzusetzen oder diesem überzuordnen versuchen. So kommt es im Kapitalismus zum Individualismus: zur Überhöhung der Freiheit des Individuums auf Kosten der Gemeinschaft; und im Kommunismus zum Sozialismus: zur Überhöhung der Gemeinschaft auf Kosten der individuellen Freiheit. Beides sind Übertreibungen zulasten des anderen Pols. Beide sind »out of balance« und deshalb nur vorübergehende Erscheinungen in der Geschichte.

Postdualistische Denkmuster und Wirtschaftsmodelle versuchen die Freiheit und Einzigartigkeit des Individuums in gleichem Maße zu fördern und hochzuhalten wie das Gelingen von Beziehungen und Gemeinschaft. Das menschliche Holon ist im Gleichgewicht, wenn es sich sowohl als einzigartiges Individuum in seiner unverwechselbaren »Identität« verwirklichen darf als auch sicher eingebettet ist in eine gerechte Solidargemeinschaft. Das ganze Potenzial eines Menschen ist entfaltbar, wenn beide Dimensionen anerkannt und gelebt werden. Dann werden alle Bedürfnisse befriedigt und alle Fähigkeiten entwickelt. Und alle positiven Werte kommen zur Geltung.

## Identität I und II

Das Wort »Identität« enthält einen diametralen Widerspruch in sich selbst. Mit Identität bezeichnen wir sowohl dasjenige, was ein Subjekt oder ein Kollektiv von anderen *unterscheidet*, seine Einzigartigkeit. Gleichzeitig bedeutet *ident* im Lateinischen gleich sein, eins sein. Ja, mit Gott. So löst sich dieser scheinbare Widerspruch auch schon wieder auf: Wenn wir gleichzeitig anders sind als alle anderen und eins mit Gott oder, anders, Göttin so sehr in uns gefunden haben, dass wir ihrer teilhaftig sein können, dann haben wir unsere beiden Identitäten erkannt und der Dualismus weicht der Integration.

# Die innere Stimme

## Person

Der uns allen vertraute Begriff »Person« bringt die doppelte Identität des Menschen, unser Holon-Sein, perfekt auf den Punkt. Personare bedeutet im Lateinischen »hindurchklingen«. Wir sind also Durchklungene. Bloß wovon? Vielleicht klingt durch uns das »eine Lied« des Universums. Oder aber der Atem Gottes. Im Yoga verbindet der Atem den Körper mit dem großen Ganzen, und dieser Atem erweckt uns zum Leben, dieses Lied bringt uns zum Klingen. Auch »Psyche« meint im Griechischen zunächst Zwerchfell und »Atem«. Alles führt zur gemeinsamen Wurzel. Wir sind alle einzigartige »Resonanzkörper«, gleichsam wunderbare Instrumente, Stradivaris, aber ohne Verbindung, ohne Atem sind wir nichts. Wir könnten auch sagen, dass das Universum ein riesiger Energiestrom ist und dass diese Energie der Materie Leben einhaucht, sie belebt und gleichzeitig beseelt. Dann wären wir auch Perfluida, und nicht nur Personae. Ich bin ein Perfluidum, so wahr ich eine Person bin. Wenn

**45**

ich singe und tanze, bin ich ganz lebendig: energie-durchflossen. Wenn der Tanz auf diesem Planeten zu Ende geht, bin ich ein »Verflossener«.

*Cogito, ergo sum* (Descartes: Ich denke, also bin ich) allein ist mir zu wenig. Der Geist ist ein Garten Eden, aber er ist nicht das einzige Paradies. Wenn ich im Geist tanze, wenn mein Geist tanzende Sterne zu ge-bären vermag, dann bin ich auch als *res cogitans* oder vielleicht besser *persona cogitans* lebendig. Das ge-lingt noch nicht vielen; allzu schnell passiert es, dass der winzige Intellekt mit dem großen Geist verwech-selt wird, nicht selten bei einem hohen IQ. Aber auch der große Geist bleibt trocken, wenn er sich nicht be-fruchtet mit den Sinnen, den Emotionen, dem Kör-per, der Erotik und Ekstase: den Epizentren der Le-bendigkeit.

Für mich ist der Tanz ein solches Epizentrum. Er ist das Tor zur Körperlichkeit, Sinnlichkeit, Zärtlichkeit, Sexualität und Kreativität: zu einem weiten Spektrum meiner Menschlichkeit, das zu vernachlässigen, das von mir abzuspalten ich gelernt hatte. Die Umgebung meiner Kindheit erlebte ich als körper-, gefühls-, sin-nes-, lust- und liebesfeindlich: als lebensfeindlich oder biophob. Ich habe mich für die Biophilie ent-schieden, für die Annahme des Körpers, der Sinne, der Gefühle, der Liebe, der Lust, der Sexualität, der Kunst und der Natur – ein umfassendes Ja zum Leben.

Wenn ich am Vormittag schon getanzt habe, geht es mir so gut, dass es nicht mehr möglich ist, an diesem Tag noch depressiv zu werden. Die Wonnen des körperlichen Wohlbefindens halten den Geist davon ab, auf Abwege zu geraten. Es ist leichter, als Goldmund glücklich zu werden – Hermann Hesses sinnliche Romanfigur –, denn als der vergeistigte Narziss. Narziss neigt chronisch zur Depression, weil er sich nicht in der Kraft und Lebendigkeit eines Perfluidums erfährt. Narziss ist ein Spirit, ein Geistwesen, er atmet das Universum in seiner immateriellen Dimension, er nährt sich *nur* über das »Inspirieren«, das Einatmen, und nicht über die energetische Potenz menschlicher Beziehungen und körperlicher Genüsse.

Das ist erneut nur ein Plädoyer für Ganzheitlichkeit, nicht gegen Spiritualität. Wenn wir uns inspirieren, lassen wir den Geist in unseren Körper ein. Die kreative Intelligenz durchflutet uns dann und kann uns mitunter gleich stark elektrisieren wie alle Sinne des Körpers. Solche Momente spiritueller Erfüllung sind eine Gnade und mögen den Gang ins Kloster, in die Einsiedelei oder in die Fülle des Lebens motivieren.

Eine »Kon-spiration« ist ein gemeinsames Atmen, eine Verbindung über den Geist. Eine bewusste und verbundene Menschheit, eine globale Meditation oder Messe wäre eine »Große Konspiration« – die eines Tages bestimmt kommen wird.

## Herz-Gehorsam

Wie erfahre ich mich als Teil des größeren Ganzen? Wie wird eine Person zu einer ganzheitlichen – individuellen und verbundenen – Persönlichkeit? Ich habe einen Weg gefunden. Dieser führt über mein Herz. Das Herz ist die Instanz, die ich befragen und anhören kann, wenn ich nicht genau weiß, wer ich bin. Das Herz hat immer eine Antwort, es weiß alles. Das Herz hat Zugang zur unendlichen Weisheit des Kosmos, es ist die Schnittstelle zum Universum. Das Herz ist die Botschaft Gottes.

Der Benediktinermönch David Steindl-Rast half mir mit einer paradoxen Intervention, einen meiner härtesten Kindheitsknoten aufzulösen, nämlich: Der Weg zu Gott führt über »Gehorsam«. Genauso hatte ich es gelernt. Gott thront im Himmel, er ist streng, erlässt Gebote, und der Mensch muss ihm gehorchen. Sonst verfällt er in Sünde und wird gestraft. Allzeit lauert der Teufel und winkt die Hölle. Diesen Autoritäts-Schuld-Gewalt-Komplex habe ich in meiner Jugend als geisteskrank abgelehnt. Er war einer der Gründe, warum ich aus der katholischen Kirche ausgetreten bin. Nach und nach wuchs es in mir zur Gewissheit: Die katholische Kirche, so wie ich sie kennengelernt hatte, ist eine gefährliche Sekte, die das Schamgefühl aufs Schändlichste missbraucht und ausnützt, um erwachsene Kinder im Zustand der Unbewusstheit und der Abhängigkeit von sich selbst zu halten. Gott, der Richter, der Rächer, war – für mich – tot.

Und dann kam der einfache Mönch, der vom selben, christlichen Gott sprach. Und er zeigte: Der Weg zu Gott führt nicht nach außen oder oben, sondern nach innen, zum eigenen Herzen. Und Gehorsam heißt nicht, einer fremden Autorität zu gehorchen, sondern auf das eigene Herz zu hören. Dieses ist sowohl der Urquell für das einzigartige, authentische Individuum, das ich bin, als auch für meine Beziehung zu Gott. Alles, was ich wissen muss, kommt vom Herzen. Jede echte Wahrheit, die mir im Leben weiterhilft, spricht mein Herz.

## Innere Stimme

Doch wie spricht mein Herz, und wie kann ich es hören? Das »Organ« des Herzens ist die innere Stimme. Diese ist leise bis lautlos, oft unmerklich und selten aufdringlich. Ich muss die Ohren nach innen richten und zusätzlich innere Antennen ausfahren, um sie überhaupt zu vernehmen. Ich muss aufmerksam werden, still und achtsam: Ich muss mit dem Herzen hören. Das Herz ist ein sensitives Wahrnehmungsorgan – wenn wir es einsetzen. Das Herz ist imstande, die innere Stimme, auch die innerste Stimme zu hören. Die innerste Stimme ist mein wahres Ich und mein höheres, göttliches Selbst. »Gott ist der Partner unserer intimsten Selbstgespräche«, formulierte es Viktor Frankl, der Begründer der Logotherapie und Existenzanalyse.

Nicht immer kommen die inneren Stimmen vom Herzen. Auch die Chakren (Energiezentren nach hinduistischer Lehre) senden uns Botschaften zu, ebenso die Organe: Die inneren Stimmen melden Empfindungen, Gefühle, Bedürfnisse, Intuitionen, Eingebungen und Einsichten, manchmal kommt die Botschaft aus der Magengrube oder von der Leber, manchmal aus dem Sonnengeflecht und oft direkt aus dem Herzen.

Nur nie aus dem Hirn. Manche Menschen verwechseln ihr »wahres Ich« mit dem Gedankenstrom, der uns durch den Kopf geht, mit dem »stream of consciousness«, wie ihn KognitionsforscherInnen bezeichnen, obwohl er häufig auf radikale Unbewusstheit gebettet ist. Der kognitive Denkprozess sagt uns über unseren wahren Zustand, über unsere innere und innerste Befindlichkeit ungefähr so viel wie die Aktienkurse über das Gemeinwohl. »Cogito, ergo sum« ist annähernd so vollständig wie »Ich ejakuliere, also liebe ich«. Die innere Stimme spricht nicht aus dem Großhirn.

Der inneren Stimme komme ich nicht durch Denken auf die Spur, sondern wörtlich durch *Spüren*. »Alles fühlt«, schrieb Andreas Weber. Manche Menschen sind ganz natürlich im Fühlen-Modus und können gar nicht anders. Andere sind von ihren Gefühlen, von der Gabe zu fühlen so nachhaltig abgeschnitten, dass sie weder durch starke Leidenschaften noch Schmerzen aus dem Kognitionskerker herausgerissen werden können. Die Option, den eigenen Körper absichtslos und wortfrei zu spüren, versetzt sie unbewusst in Panik. Doch genau diese Angst ist die Schwelle zum Unbekannten: zum eigenen Ich. Und vielleicht sogar – zu Gott.

## Selbstentwürdigung und Außengehorsam

Solange ich mit dem Bild herumging, dass hie ich Mensch und da draußen oder dort oben, im Himmel, Gott sei, war Gott-Gehorsam für mich ein »No-Go«. Das hätte mir Seele und Leib auseinandergerissen. Ich bin eben nicht von Gott getrennt, ihr deligiösen Autisten! In der Kirche wird heute noch Sonntag für Sonntag gebetet: »Herr, ich bin nicht würdig, dass Du eingehst unter mein Dach (...)« Eine radikalere Selbstentwürdigung könnte nicht formuliert werden. Alle Menschen sind würdig. Weil wir von Gott kommen. Gott ist *in* uns, er muss gar nicht erst »eingehen«, er wohnt ja in uns!

Dieser Satz ist so fatal, weil er erstens aussagt, dass Gott und Mensch voneinander getrennt *seien*, dass Gott keine immanente, sondern eine dissoziierte Instanz sei; und zweitens uns Woche für Woche versichert, dass wir es nicht einmal wert sind, von Gott besucht zu werden, mit Gott *eins zu werden*. Sonntag um Sonntag, Messe für Messe werden durch unachtsame und geistlose Worte Würdelosigkeit und Getrenntheit unter den »Gläubigen« geschaffen und kultiviert.

Der zweite Teil des Satzes lautet: »(...) aber sprich nur ein Wort, so wird meine Seele gesund«. Der hierarchische Richter ist auch ein allmächtiger Heiler. Ein »Wort« von Gott, und alles ist wieder gut. Doch wenn das Wort von außen kommt, kann nichts gut und heil werden. Käme das göttliche Wort hingegen von innen (weil Gott in uns ist; oder wir in Göttin sind), von der inneren Stimme, kann uns das in Einklang bringen mit dem großen Ganzen und infolgedessen heilen. Die innere göttliche Stimme bewirkt Heilung oder Heilsein in jedem Moment, mit jedem Wort, mit jedem Klang. Die Frage ist, ob wir sie hören. Wenn wir nach außen lauschen, stehen die Chancen schlecht. Der Außengehorsam führt mit geringerer Wahrscheinlichkeit zur Heilung als zur Pathologie. Außengehorsam führt zu Selbstverleugnung und macht krank. In letzter Konsequenz tötet er: Erst die eigene Lebendigkeit, dann die der Mitwelt, anderer Lebewesen und anderer Menschen. Wenn der gelernte Außengehorsam übertragen wird auf größere staatliche, ökonomische oder militärische Hierarchien passiert Entmenschlichung, treten Menschen aus dem empathischen Bezogensein, aus dem respektvollen Miteinander aus und ignorieren, überfahren, misshandeln und – in letzter Konsequenz – töten einander.

Die Voraussetzung für Außengehorsam ist die Leugnung oder die Nichtwahrnehmung der Inneren Stimme, die Negation des echten Ichs: Wenn wir aufhören, auf Gott zu hören, leiten wir die Inhumanisierung des Menschen ein.

## Aufhören!

»Aufhören« meint eigentlich das Gegenteil: Wir horchen auf, wachen auf aus einer unbewussten Haltung oder Handlung und beenden diese durch Aufhören, Aufhorchen.

| | |
|---|---|
| Glockenleiten | *Glockenläuten* |
| Huat auf d'Seitn | *Hut zur Seite* |
| Kreizal mochn | *Kreuzzeichen machen* |
| Neama lochn | *Nicht mehr lachen* |

Das ist einer der wenigen eingängigen Sprüche, die mir von meinem Vater mitgegeben wurden. Zunächst lehnte ich ihn, wie so vieles, ab. Nicht mehr lachen, das passt genau zur Lustfeindlichkeit, mit der ich die katholische Kirche verband. Doch heute verstehe ich, dass es hier nicht um ein Lachverbot geht, sondern um den Wechsel der Bewusstseinsebene, um den »Ausstieg« aus einer »seichten« Wahrnehmung – der Gewohnheit, der Geselligkeit, der Achtlosigkeit – und um das Einlassen auf eine tiefere Bewusstseinsebene: ein »Online-Gehen« mit dem großen Ganzen.

David Steindl-Rast lehrt, dass die Kirchenglocken anfangs nicht für die Angabe der Zeit gedacht waren, sondern genau dafür: für das »Aufhören«, für das Achtsam-Werden. Für die Erinnerung daran, dass wir nicht nur Individuen sind, sondern eins mit Gott. Meditation habe ich so verstanden, dass wir eins werden mit allem. Solange wir das üben müssen, suchen wir dafür einen geeigneten Ort und eine passende Stellung. Im Idealfall jedoch wird die Einheit zum Dauerzustand, dann meditieren wir fortwährend, ohne zu sitzen, ohne dass die Glocken läuten müssen. Wir »hören« die ganze Zeit »auf« das Ganze.

> »Am Grunde meines Herzens, jenem geheimen Ort, an welchem ich am meisten ich selber bin, bin ich paradoxerweise auch mit allen anderen Menschen, mit allen Lebenwesen, mit allem, was existiert, vereint. Wirklich allein zu sein be-

deutet, von Zwiespalt geheilt zu sein, eins zu
sein mit meinem wahren Selbst und somit eins
mit allem.«
(David Steindl-Rast, »Achtsamkeit des Herzens«, S. 112)

## Schubumkehr

Mit der Steindl-Rastschen Schubumkehr ergab plötzlich alles einen Sinn: Ich hörte auf mich selbst und ich
erhörte Gott. Das ist das Ende der Selbstnegation und
der Unehrlichkeit mit mir selbst. Das Ende der
Fremd- und der Beginn der Selbstbestimmung. Das
Ende der Gewalt und der Beginn des Genießens.

Das Horchen auf das eigene Herz wurde zum Leit-
motiv meines Lebens. Das ist nicht immer einfach,
und das Schwierigste ist der Beginn. Viele Menschen
berichten mir, dass sie beim ersten Versuch gar nichts
hören. Kein Wunder, wenn wir das so gründlich ver-
lernt haben. Die Schubumkehr vom Außengehorsam
zum Herzgehorsam (zum inneren Nadir) kommt einer
kopernikanischen Wende im Leben eines Menschen
gleich. Nicht mehr wir kreisen wie willenlose Satelli-
ten um den externen, unsichtbaren »Gott«, sondern
das Universum tanzt und dreht sich um die Botschaft
Gottes in uns. Dort spielt jetzt die Musik! »Halt ein, wo
läufst du hin? Der Himmel ist in dir«, rief Goethe uns

zu. Er hatte offenbar seine Botschaft Gottes gefunden. Je konsequenter wir auf diese horchen, desto weniger können uns äußere Stimmen verführen oder ablenken. Das gibt uns Standhaftigkeit und Kraft, damit können wir bewirken, dass sich das Universum um uns herum neu anordnet. »Der Glaube versetzt Berge« verstehe ich in dieser Bedeutung. Der Prophet muss nicht zum Berg laufen, weil er ihn in sich entdeckt hat.

## Teufelsgefahr

Der Beginn der inneren Bergsuche, die Suche nach der inneren Stimme, mag anfangs und in der Übergangszeit mit Schwierigkeiten und Gefahren einhergehen: Wie kann ich wissen, dass hier eine tiefere Weisheit durch mich spricht und nicht eine Sinnes- oder sonstige Täuschung vorliegt, dass der Intellekt oder, schlimmer, der Teufel in der Verkleidung des Herzens auftritt und befiehlt: Du musst die Bettler, Juden, Schwarzen, Schwulen, Frauen, die Natur, das Unkraut, das Leben tilgen! Das ist die große Gefahr des missglückten Herzgehorsams. Diese sollte nicht übersehen werden. Doch in der Herzensschule kann gelernt werden, wie zwischen der Stimme des Kopfes und der Stimme des Herzens, zwischen biologischen Affekten und spirituellen Eingaben, zwischen den

Zuzischungen des Bösen und der lichten Essenz aus der großen Quelle unterschieden werden kann. Am Anfang, für Unerfahrene, mag das so schwierig sein wie die Unterscheidung eines Fichtenreisigs vom Tannenzweig. Wer in der betongrauen Stadt aufgewachsen ist, wird darüber am Beginn häufig rätseln. Doch wer einige Zeit oder ein ganzes Leben im Wald verbracht hat, erkennt die Bäume blind. Nicht anders ist es mit der Stimme des Herzens.

## Sinn des Lebens I

Anatomisch gesprochen könnte man formulieren, dass es eine Herzkammer für Individuation und eine fürs All-eins-Sein gibt. In der ersten Kammer wohnt die Psychologie, in der zweiten die Spiritualität. Das ist so zu verstehen: Die Stimme des Herzens entspringt aus unterschiedlichen Tiefenschichten. Aus den oberflächlicheren, für die die Kammer »Individuation« zuständig ist, kommen Informationen über unsere körperlichen Empfindungen, Gefühle, Bedürfnisse, Intuitionen, aber auch Werthaltungen und Meinungen. Das hängt zusammen: Wer nicht weiß, was der eigene Körper braucht oder fühlt, hat meist auch keine eigene Meinung. Die psychologische Definition für Autonomie (nach Arno Gruen) ist, im Einklang mit den eigenen Gefühlen, Bedürfnissen und

Gedanken zu sein. Das ist ein hoher Anspruch und ein hehres Ziel: »Der Sinn des Lebens ist, so zu werden, wie wir sind«, formulierte bereits Carl Gustav Jung. Eine solche Freiheit setzt konsequente Innenschau, regelmäßiges Innehalten und Nach-innen-Horchen, also Herzgehorsam voraus. In welchem Haushalt, in welcher Schule, an welcher Universität wird dieser schon gelehrt? In welcher Kirche?

Ich habe das in der Schule für Zeitgenössischen Tanz gelernt. Die Kraft der Improvisation kommt durch konsequentes Horchen nach innen und auf das Ganze. Je verbundener, desto sicherer und ausdrucks-stärker die Choreografie. Je genauer ich horche, desto authentischer werde ich. Das bedarf des Mutes zu mir selbst. Des Mutes, auf die innere Stimme zu hören. Des Mutes zum Innengehorsam.

Wenn Außengehorsam gelehrt und Innenschau bestraft wird, entwickeln viele Menschen Angst vor sich selbst. Sie verlieren den Kontakt zu sich, und ihr Innenleben verkümmert: »Heute mal in mich gegangen. Auch nichts los«, berichtete Karl Valentin. Ödön von Horvath schrieb: »Eigentlich bin ich jemand ganz anderer, nur komme ich nie dazu.« Ohne bewusste Gestaltung kann mensch das Leben trefflich versäumen und an sich vorbeileben.

Die Selbstverdrängung und -unterdrückung hat allerdings einen hohen Preis: »Wenn du herausförderst, was in dir ist, wird es dich befreien«, heißt es, »wenn du es nicht herausförderst, wird es dich zerstören.« Marshall Rosenberg, der Schöpfer der Gewaltfreien Kommunikation, erkannte: »Depression ist die Belohnung fürs Bravsein.« Die Repression der eigenen Gefühle, Bedürfnisse und Meinungen führt in die Depression. Menschen kommen nicht in ihre Kraft und bleiben unter ihrem Potenzial. Ziel des Lebens ist aber, sein »volles Potenzial zu entfalten« (Gerald Hüther) und in seine/ihre ganze Kraft zu kommen. In meinem Fall: zu tanzen, mit dem Körper und im Geist. Ziel des Lebens ist, unsere göttliche Natur vollständig zu erkennen, den heimlichen Plan zu erahnen, den diese kreative Intelligenz mit jedem Exemplar einer Spezies, mit jedem Lebewesen vorhat. Damit sind wir beim zweiten Sinn des Lebens: bei unserer zweiten Identität.

## Sinn des Lebens II

Der »tiefere« Sinn des Lebens besteht darin, unsere »wahre« Natur, unsere göttliche Identität zu erkennen. Das geschieht, wenn wir immer tiefer in uns hineinspüren und bis auf den Grund unseres Herzens sinken. Am Grund unseres Herzens wohnt Gott. Oder besser: Das Herz hat keinen Grund, es mündet in die Unendlichkeit des Universums und ist damit verbunden. Und je tiefer wir sinken und fühlen, desto weiter und weiser werden wir, weil wir teilhaben können am großen Ganzen und seinen unermesslichen Schätzen. Wir erfahren »Inspiration« (das Herz ist das Atmungsorgan des Geistes) und kräftigen unsere Intuition. Das gibt uns Sicherheit, Halt und Orientierung im Leben – allerdings erst, nachdem wir einige Jahre »im Wald gewohnt« und seine Zeichen zu deuten gelernt haben, was Religionen im Außen versprechen und was durch Unachtsamkeit, Institutionalisierung und Bürokratisierung zum Absterben des Geistes, zum Tod Gottes führen kann. Beim »Herzatmen« kann das nicht passieren, im Gegenteil: Nach und nach spannt sich die Botschaft Gottes zur inneren Kathedrale auf, und wir entdecken, einen nach dem anderen, unsere persönlichen Leitsterne, die Werte und Ziele, nach denen wir leben (wollen) und die zu erfüllen Gott uns heißt. Wir gehorchen und erfahren spirituelle Reifung.

## Von der »a-tension« zur »in-tension«

Im Tanz habe ich gelernt, dass die Urkraft der Improvisation aus der Absichtslosigkeit keimt. Allerdings sollten wir nicht schlafen, sondern, im Gegenteil, hochaufmerksam sein. »Attention« kommt von »a-tension« und meint gelassen und ohne Anspannung, aber aufmerksam und aufnahmebereit, bereit, Impulsen spontan zu folgen. Eine Absicht würde diese Haltung und Fähigkeit zunichte machen. Sie ist das Gegenteil, die »in-tension«, die Anspannung. Wer es geschafft hat, auf das Herz zu hören, kann alle Absicht loslassen, die Aufmerksamkeit führt uns sicher durchs Leben, wir sind Geführte vom Kompass des Herzens. Der Buddhismus lehrt dasselbe: bewusste Absichtslosigkeit, bewusstes Loslassen der Absicht. Das ist nicht zu verwechseln mit einem inaktiven Leben – ganz und gar nicht. Nur das, was wir tun, folgt nicht immer einem bewussten Plan, sondern den Impulsen, die vom Herzen kommen. Die Kunst der Balance zwischen Absichtslosigkeit und willentlichem, mitunter auch planvollem Handeln besteht in der Aufnahme und »Verlängerung«, vielleicht konsequenten Ausführung dieser Herzensimpulse. Anstatt Kopfgeburten auf die Welt zu bringen, könnte ein stimmiger und erfolgreicher Weg darin bestehen, die Impulse und Zufälle, die wir durch Aufmerksamkeit erfahren, in Pläne und Projekte zu wandeln und in die Welt zu bringen. In meinem Fall ist das ist ein Erfolgsrezept mit Glücksgarantie.

## Bild-Trilogie »Gewitterstrom«

### Bild 1: Wolkengewitter (Reales Erlebnis)

Ich war mit Freundinnen und Freunden in einem Kellerlokal unter der Wiener Stadtbahn, unterwegs zu einem Konzert. Obwohl »drinnen« und unten schon »die Musik spielte«, zog mich ein mächtiges Gefühl an die Oberfläche. Immer, wenn Gewitter aufziehen, steigt mein körperliches Energieniveau merklich an. Ich werde aufmerksam und bin wie die Luft ganz gespannt auf das Kommende. An diesem Sommerabend waren Gewitter angesagt, und ich ahnte, es würde etwas Besonderes passieren. Magisch zog es mich auf die Stadtbahnbrücke, um bessere Sicht zu bekommen, während die anderen im Keller weitertanzten. Und da sah ich es: Von Westen zog ein weißer Wolkenturm heran, wie ich ihn in den Jahrzehnten meiner Wetterbeobachtungen nicht gesehen hatte. Blitze zuckten wie weiße Schwerter, doch als das Ungetüm näher kam, begann die riesige Wolkenhaube zu leuchten, voll von Blitzen wie eine Kettenreaktion von Zündungen. So etwas hatte ich noch nie gesehen, üblicherweise »starten« Blitze von der Erde aus und schießen in den Himmel. Das hier war ein »Wolkengewitter«, wie ich tags darauf recherchierte, ein seltenes meteorologisches Phänomen. Der darauffolgende Platzregen war so gewaltig, dass sich die Straßen Wiens in reißende Bäche verwandelten. Das Schauspiel war zutiefst beeindruckend, aber am eindrücklichsten war der »Ruf«, den ich vernommen hatte. »Höre auf« (Musik zu hören), komm heraus, schau hin. Sei bereit! Oder werde es.

### Bild 2: Himmelsdom (Nachtraum)

Jahre später – ich hatte das Naturspektakel längst vergessen – hatte ich in Kroatien einen außergewöhnlichen Traum. Im Unterschied zu ähnlich eindrücklichen Träumen, die noch Kindheitsthemen verarbeiteten, war dies ein Erweckungstraum. Seine Botschaft hatte eine gänzlich andere Qualität und Energie. Er brachte eine Zäsur in mein Leben. Mit einer Freundin befand ich mich in einer Tiefebene, über der geschlossene schwarze Gewitterwolken hingen, aus denen unentwegt gelbe Blitze zuckten. Doch ich traute dieser Szenerie nicht, wollte wissen, was sich darüber, in höheren Sphären abspielte, und wir stiegen gemeinsam einen Berg hinauf, bis wir über den schwarzen Wolken waren. Darüber türmte sich ein gigantischer weißer Wol-

kenamboss auf, der die tiefhängenden Gewitterwolken um viele Kilometer überragte. Plötzlich,
mit tiefem Schrecken, erkannte ich: Das ist dieselbe Gewitterwolke, die ich vor Jahren in Wien
beobachtet hatte. Doch bei genauerem Hinse-
hen wandelte sich der Hagelwolkenturm in einen wohlgeformten Dom aus weißem Eiskris-
tall, die Blitze wurden zu ruhigem Licht, und ich
erkannte mit Ehrfurcht und gleichzeitig Freude:
Das ist der Dom der Weisheit und der Liebe,
nach dem ich mich so sehr – durch Jahre des spirituellen Schlafes – gesehnt hatte. Er hatte geru-
fen. Er hat mich geweckt.

### Bild 3: Gold-und-Silberstrom (Wachtraum)

Wieder eineinhalb Jahre später, in der Schweiz in
Bern, tanzte ich über Silvester ins neue Jahr, Contact Improvisation. Als Mitternacht näher rückte,
suchte ich einen stillen Ort auf, um dem abflie-
ßenden Jahr nachzuspüren und das neue will-
kommen zu heißen. Die Tanz-Jam befand sich in
einem alten Mühlhaus, unter dem ein Arm der
Aare, des Flusses durch Bern, hindurchfloss. Die
Aare zieht verführerische Schlangenlinien durch
die Stadt, und sie führt überaus klares Wasser. Zu
dieser Stunde herrschte allerdings schon nächt-

liche Dunkelheit, nur einige Sterne spendeten schwaches Licht. Es reichte aus, die unruhige Wasseroberfläche glitzern zu lassen. Der Fluss strömte mir entgegen, wie aus der Zukunft kommend, und unter mir hindurch. Über dieses Bild verband ich mich mit der Welt. Ich versank in einen Wachtraum.

Plötzlich hob der Fluss sich an und sein Ursprung stieg immer höher, bis hinauf in den Himmel. Als ich den Quellmund suchte, tauchte der Dom wieder auf, der Strom quoll direkt aus den Pforten des Himmelsdomes! Und als ich den Lauf des Stroms zu mir zurückverfolgte, verwandelte sich das glitzernde Wasser in Edelsteine, Gold und Silber, die teuersten Güter. Für mich war die Botschaft blitzartig klar: Die höchsten Werte sind die Liebe, die Erkenntnis und die Weisheit, und sie kommen direkt aus der Quelle. Die Botschaft an mich als Person war: Wenn ich mein Herz für die Quelle öffne, dann durchfließt mich dieser Fluss. Ich kann mich vollkommen von dieser Essenz durchströmen lassen, ich kann zum wörtlichen Perfluidum werden, es ist meine Entscheidung. Ich kann von all dem nichts wissen wollen, oder ich kann mein Leben in den Dienst dieser Weisheit und Werte stellen und so Gott dienen.

## Spirituelle Reifung

In einer höheren Reifestufe nehmen wir uns bewusst die Freiheit, unser Herz ganz zu öffnen und zu einer DienerIn Gottes zu werden. Das erfordert Mut und Vertrauen und die Erfahrung starker Verbundenheit. Für viele gilt wohl: Das ist »Glaube«. Ich kann mit diesem Begriff nichts anfangen. Für mich stimmen die Worte Verbundenheit, Vertrauen, Herzgehorsam und Hingabe.

Ich verbinde mich mit dem Universum, gebe mich der Botschaft Gottes hin und diene ihr. Ich lasse mich durchströmen vom Atem und vom Licht der Quelle. Das heißt mitnichten, dass ich fehlerfrei oder ohne Laster und Schwächen bin – nein, ich bleibe ein ganz normaler Mensch, mit allen Makeln und Marotten. Der Unterschied: Ich pflege meine spirituelle Natur, die ich genauso kultivieren oder verkümmern lassen kann wie meinen Körper, meine Gefühle oder meinen Verstand. Wir sind frei, spirituelle Wesen zu sein oder auch nicht. Niemand muss tanzen. Wir haben die Freiheit zu tanzen. Und wir haben die Freiheit, uns in jeder Dimension unseres Menschseins zu entwickeln. Wir sind so frei, weil wir Menschen so vielseitig sind. In den beiden »Identitäten« der Stradivari – individueller Klangkörper mit einzigartigen Eigenschaften; tatsächlich klingendes Instrument dank der Per-sonation – liegt für mich der doppelte Sinn des Lebens: Menschwerdung und Einssein mit Allem.

Wer beides zugleich schafft, wer beide Identitäten integriert, kann dem Gemeinwohl in hohem Maße dienen. Denn Menschen, die »sich gefunden haben«, im Frieden mit sich selbst und in sich ruhend, und die gleichzeitig mit allen anderen Menschen, Tieren, Pflanzen und dem All verbunden sind, sorgen aus innerem Antrieb für das eigene und das gemeinsame Wohl. Sie sind zugleich Bindemittel und Stützen der Gesellschaft. Sie tragen zum Gelingen von Beziehungen und Gemeinschaft bei. Und zum Schutz der natürlichen Umwelt. Das ist selbstverständlich idealtypisch und für postmoderne, dialektisch geschulte ZeitgenossInnen zu frei von Widersprüchen; aber die Zuspitzung beschreibt eine Tendenz. Die Welt wird tendenziell friedlicher, nachhaltiger, kooperativer und menschlicher, je mehr Menschen sich diese Lebensziele setzen oder für ihr Leben diesen doppelten Sinn zu erkennen und zu integrieren vermögen.

# Freiheit

## Freiheit

Aus dem konsequenten Nach-innen-Horchen kommt etwas zurück, je mehr ich horche, desto mehr Bilder, Inspirationen, Antworten und Hinweise strömen zurück. Das Herz wird mit der Zeit zu einer Quelle, die immer ergiebiger quillt und mich spirituell zu nähren beginnt. Sie speist mich mit Sinn und Weisheit, sie schenkt mir Geborgenheit, sie gibt mir Halt und Orientierung. Und die quellende Energie kann zu einer Kraft der Freiheit werden. Denn die wachsende Gewissheit darüber, (a) wer ich bin (Individuation) und (b) was mein Auftrag in der Gesellschaft/im Universum ist (spirituelles Wesen), gibt mir Stabilität, Ausdauer und Umsetzungsvermögen. Ich kann schöpferisch tätig werden und zunächst kleine, dann immer größere Werke aus mir hervor- und in die Welt bringen. Ich kann individuelle Œuvres und gemeinsam mit anderen »soziale Plastiken« (Joseph Beuys) erschaffen. Ich kann mich selbst kreativ verwirklichen und kollektiv schöpferisch tätig werden.

Schöpferisch tätig sein ist eine Form von Freiheit. Mit ungefähr 35 Jahren, nachdem ich vor allem negative Definitionen von Freiheit kennengelernt hatte (von Platon bis Hayek), fragte ich mich: Was verstehe ich denn selbst unter Freiheit? Das Ergebnis war, ausgehend von der beschriebenen Doppelidentität der »Person«, dies: Freiheit bedeutet für mich die *permanente kreative individuelle Selbsterschaffung und die permanente kreative kollektive Selbsterschaffung*. Wir haben die Freiheit, zu SchöpferInnen unseres eigenen Lebens zu werden.

Für mich persönlich bedeutet das: Auf der individuellen Ebene habe ich mich für den Tanz entschieden als persönlichste und authentischste Form der Selbstwerdung neben zahlreichen anderen Entscheidungen, unter anderem derjenigen, kein Auto zu besitzen. Auf der kollektiven Ebene habe ich zwei zivilgesellschaftliche Bewegungen (mit)begründet: Attac Österreich und die Gemeinwohl-Ökonomie. Gegenwärtig bin ich dabei, eine Bank zu gründen. Als höchste Form der kollektiven Selbsterschaffung erachte ich die Redaktion der zukünftigen Verfassungen von demokratischen Gemeinwesen von der Region bis hin zur UNO. Erst wenn sich souveräne Bevölkerungen die Freiheit nehmen, grundlegende Dinge selbst zu entscheiden, anstatt alles ihren RepräsentantInnen zu überlassen, besteht zum Beispiel die

Chance auf eine »Gemeinwohl-Ökonomie«, eine »Vollgeld-Reform«, auf »Ernährungs- und Energie-Souveränität«, auf die Rückdrängung der Lobbys und die Zerkleinerung der Konzerne. An einer entsprechenden Demokratiereform will ich in den nächsten Jahren mitwirken. Beide Facetten, Tanz und Demokratie, sind Elemente meiner Freiheit in der dargelegten Bedeutung: kontinuierliche kreative individuelle und kollektive Selbsterschaffung.

Die Aufklärer hätten gesagt, dass wir als freie und vernunftbegabte Individuen zu den SchöpferInnen unseres eigenen Lebens werden. Dieses ursprünglich als Lossagung und Emanzipation von Gott (»Gott ist tot«) verstandene Freiheitsverständnis wendet sich kurioserweise auf dem Weg zum eigenen Herzen, das viel größer ist als die rationale Vernunft, wieder Gott zu. Ironie des Schicksals, könnten wir Nietzsche, Hegel, Kant und Schopenhauer zurufen. Oder aber mit den integralen Vordenkern Fritjof Capra und Ken Wilber analysieren, dass sich auf dem Weg der Evolution die Phänomene in Wellen ausdifferenzieren, um sich auf höherer Stufe wieder zu integrieren. Epochengeschichtlich betrachtet, folgt auf das mechanistisch-analytische Zeitalter nun das ganzheitlich-holistische Dasein.

## Kraftquellen

Das Herz ist die Urquelle meiner Freiheit und Kraft, weil meiner »Identität«. Diese Urquelle weist mir den Weg zu meinem »weiteren« und tieferen Selbst und damit zu weiteren Kraftquellen. Diese geben mir Lebensenergie und Inspiration. Für mich persönlich sind das die Natur, der Tanz, Gemeinschaft, Beziehungen, Erkenntnis, Ästhetik, Spiel, Muße und andere mehr. Das Geld ist keine Kraftquelle, der Erfolg ebenso wenig. Es ist umgekehrt: Das Schöpfen aus den Kraftquellen führt zu Erfolg und Geld – auch das ist eine Botschaft der Bilder an mich. Ich habe das, was ich jetzt tue, schon vor 25 Jahren gemacht, damals ohne jeden Erfolg und ohne einen Cent Einkommen. Ich bin aber »drangeblieben«, weil es mein Ruf war, meine Berufung, die mit der Zeit unmerklich zum Beruf wurde. Heute übersteigt die Nachfrage meine Zeit- und Energie-Ressourcen um ein Vielfaches, und ich nehme die Hilfe eines mehrköpfigen Teams in Anspruch, das mich bei meiner ehrenamtlichen und beruflichen Tätigkeit – dem Aufbau sozialer Bewegungen, der Gründung einer Bank, den Vorträgen, Artikeln, Büchern und Interviews – unterstützt. Eine der größten Herausforderungen für mich ist die richtige Dosierung der nun stark nachgefragten Tätigkeiten, sodass ausreichend viel Zeit für das Aufsuchen der

Kraftquellen bleibt. Denn eine starke Intuition sagt mir, dass der Erfolg eine mächtige Korruptionskraft ist, vielleicht sogar die mächtigste, und dass ich Gefahr laufe, mich von der Quelle so weit zu entfernen, dass ich sie nicht wiederfinde.

Auch das ist eine Dialektik: Der Erfolg bleibt nur, solange ich immer wieder zur Quelle zurückkehre und aus ihr schöpfe. Das ist die großartige Wortbedeutung der »re-source«. Die Zauberkraft kann erlahmen, wenn ich nicht mehr auf das eigene Herz höre. Ob ich zur Quelle gehe und mich erneuere, ist eine freie Entscheidung. Ich muss dafür jedoch spirituell wach bleiben. Spiritualität ist eine Haltung und eine permanente Praxis. Wie Gastfreundschaft. Mein Dauergast ist Gott/Göttin. Und ich bin ein Kind von ihr.

## Fragen an das Universum

In den Wildnisschulen, die äußere und innere Naturerfahrung zusammenführen, gibt es eine gute Übung, wie mensch ihre/seine Kraftquellen erschließen kann: durch das Aufsuchen von oder, noch besser, Findenlassen durch den eigenen, persönlichen Kraftplatz. Das geht zum Beispiel so: Eine Person geht in die möglichst wilde Natur und schaltet das »innere Navi« ein. Der intuitive Kompass weist den Weg. Das Ziel ist unbekannt, es entsteht durch das konsequente

Horchen nach innen, auf das Herz, bei der Frage, wohin der nächste Schritt führt. So lange, bis ein Ort erscheint, der mich auf eine bestimmte, vielleicht magische Weise anspricht und zum Verweilen einlädt. An diesem Ort gehe ich in die Stille und verbinde mich mit der Umwelt. Nach einer Weile der Versenkung emergiert ein günstiger Moment, um eine Frage an das Universum zu stellen. Diese Frage sollte nicht erwartungsvoll gestellt werden, sondern in Freiheit.

Das Universum antwortet vielleicht gar nicht, vielleicht zeitverzögert, vielleicht sofort. Die Antwort kann in einem Bild kommen, in einem Tag- oder Nachttraum, in einer plötzlichen Erkenntnis geraume Zeit später an einem unerwarteten Ort. Manchmal fahren wir in der Straßenbahn, viele Jahre nachdem eine knifflige Frage in uns zu arbeiten begann, und scheinbar zusammenhanglos zeigt sich die Lösung. Wenn alles mit allem zusammenhängt und alles miteinander verbunden ist, ist das kein Zufall oder gerade ein solcher: Scheinbar aus dem Nichts, völlig unerwartet, *fällt* mir etwas *zu*. Wer immer offen ist für Göttin, das Ganze, ist immer bereit für einen »Zufall«. Ich persönlich »rechne immer mit allem«, aber zugleich mit nichts Bestimmtem. So gibt es kaum negative Überraschungen, aber jedes Mal Freude, wenn Dinge eintreten, die mir wichtig sind, mit denen ich aber nicht »gerechnet« hatte. Bevor ich diese Haltung

annahm, hatte ich aus Gewohn- und Unbewusstheit
verschiedene Erwartungshaltungen. Negative Ereignisse, wie zum Beispiel das Desinteresse oder die Ab-
lehnung durch einen für mich interessanten Menschen, traten allein deshalb ein, weil ich damit rechnete. Umgekehrt nahm ich positive Ereignisse, wie
zum Beispiel eine Wertschätzung oder Interesse an
meiner Person, gar nicht wahr, weil ich nicht damit
rechnete. Heute »rechne« ich nicht, ich bin frei von
Erwartungen und offen für alles. So wird jeder Tag zu
einem Füllhorn von Momenten der Freude. Und
gleichzeitig zu einem jederzeitigen Bereitsein für den
Tod. Denn ich weiß nicht, was das große Mysterium
als Nächstes vorhat.

Die Antwort kann auch in Gestalt eines Tiers er-
scheinen. Ich mache regelmäßig die Erfahrung, dass,
wenn ich in die Natur gehe und still werde, mich zu-
rücknehme und Teil des Ganzen werde, zunächst
auch die Natur scheinbar ganz still und reglos ist.
Doch nach einer gewissen Zeit beginnt es zu rascheln
oder zu knacken, zu summen oder zu flattern. Tiere
tauchen auf, erst kleine Tiere und mit etwas Geduld
auch größere. Mit viel Geduld oder Glück auch die
größten und seltensten: ein großer Hirsch, ein kapita-
ler Hecht, ein rarer Schmetterling oder Käfer, ein Eis-
vogel. Sie sind besondere Geschenke. Wir können un-
sererseits mit einem Geschenk beginnen: Je mehr wir

uns in unserem gewohnten Auftreten zurücknehmen, desto »freier« wird die Bühne für die Tierwelt. Die Tiere scheinen Rücksicht zu nehmen auf uns Menschen oder einen gewissen Respektabstand zu wahren, wenn wir achtlos in ihren Lebensraum eindringen, lärmend diesen »durchtrampeln« und ihn materiell, akustisch und energetisch verunreinigen.

Das Herz ist ein Ort der Stille. Die Stille ist fruchtbar. Sie steht für das Nichts, aus dem alles kommt. Nicht nur Erkenntnisse und Kreativität, sondern zunächst oft Schmerzen und verdrängte Bedürfnisse und Gefühle, die nun nicht mehr übertönt oder zugedröhnt werden können. Die Stille ist ein therapeutisches Milieu. In ihr erfahre ich meine tiefere Wahrheit. Vielleicht haben viele Menschen Angst vor der eigenen Freiheit, weil der Weg zu ihr durch das »Fegefeuer« der verdrängten Schmerzen und unterdrückten Bedürfnisse führt. Die Freiheit kommt nicht ohne Preis. Sie ist der Lohn der konsequenten Konfrontation mit mir selbst. Der Kabarettist Josef Hader persiflierte die Reise nach innen, die schon Karl Valentin unternahm, und fand im intimsten Inneren, nach der Öffnung der Tür mit der Aufschrift »Einzig wahres Ich«, nur einen leergelöffelten Fruchtjoghurt vor. Das ist der Preis, den wir für die innere Freiheit bezahlen: dass wir uns mit unseren Schwächen und Schatten konfrontieren. Erst dann kommt das Licht am Ende des Tunnels. Vor nichts hätten die Menschen mehr Angst als vor sich selbst, lernte ich bei Hermann Hesse. Und Nelson Mandela sagte: »Die größte Angst haben wir vor der eigenen Freiheit.« Nicht von ungefähr begründet das französische Wort für Herz, »cœur«, auch das Wort für Mut, »courage«. Dieses hat in Formulierungen wie Zivilcourage oder »couragierte Person« ins Deutsche Eingang gefunden. Eine couragierte Person ist eine Person mit Herz, eine, die den Mut hat, das Lied des Universums zu vernehmen und ihm zu gehorchen – danach zu handeln.

# Gemeinwohl

## Politisches Engagement

Wer spirituell frei und couragiert ist, wird auf ganz natürliche Weise zum »zoon politikon« (Platon), zum »Sauerstoff der Demokratie« (Günther Wallraff), zur politisch wachen, engagierten und mitverantwortlichen StaatsbürgerIn. Sie setzt sich aus innerer Motivation für demokratische Strukturen, universale Grundrechte und gerechte Gesetze ein. Das impliziert auch die Abwehr von Korruption, Lobbying für Partikularinteressen und die Mitverantwortung für die Einhaltung des legitimen »Gesellschaftsvertrages«. Das umfassende Gemeinwohl, die Wahrung aller gemeinschaftskonstituierenden und freiheitssichernden Werte, wird zum kollektiven Anliegen verbundener Menschen. Im Detail kann dies vieles Verschiedene bedeuten, Pluralität ist ein demokratischer Wert, der den beiden beschriebenen Dimensionen des Menschseins Rechnung trägt.

Hier ist jedoch Vorsicht geboten: Politisches Engagement aus Eigenverantwortung und Eigeninitiative heraus allein garantiert noch keinen Einsatz für das Gemeinwohl; eine StaatsbürgerIn ist noch keine Gemeinwohl-BürgerIn! Damit die politische Energie in die Mehrung des Gemeinwohls fließt, bedarf es einer ethischen Grundierung. Auch Hitler handelte »eigeninitiativ« und »eigenverantwortlich«, auch er hatte einen »Auftrag«. Bloß hatte er andere Werte. Und Motive. Und – das ist jetzt vielleicht der gewagteste Satz des Buches – keine spirituelle Anbindung. Spirituelle Anbindung, das ist die Quintessenz der Erfahrung des Autors, führt zu einer liberalen Gemeinwohl-Ethik: zur Hochzeit von Freiheit, Menschenwürde und Gemeinwohl. Diese Kombination ist nicht beliebig, sie ist das ethische Fundament eines gelingenden Ganzen ohne Übertreibungen und Imbalancen. Das Fundament oder besser Firmament besteht aus einem Set von Fixsternen. Zu diesen Leitsternen fühlen sich Menschen hingezogen und finden Zugang, die auf das große Ganze hinspüren: Wenn ich mich als Teil des großen Gemeinwesens wahrnehme, mit allem und allen verbunden bin, will ich mit dafür sorgen, dass:

(a) die Grundbedürfnisse aller Menschen befriedigt werden,

(b) alle die gleichen Rechte und Freiheiten genießen,

(c) die Ungleichheiten begrenzt bleiben,

(d) niemand völlig ausgeschlossen wird,

(e) wir als Menschheit die ökologischen Grenzen des Planeten nicht überschreiten,

(f) alle Wesen am Großen Tanz teilhaben und eingebunden werden.

Diese politischen Prioritäten ergeben sich aus der Wahrnehmung der Verbundenheit und Einheit mit den anderen Menschen und der Natur. Es braucht nicht Spiritualität, um zu diesen Schlussfolgerungen und politischen Positionen zu kommen – siehe Aufklärung und Ethik. Aber vielleicht führt Spiritualität zu diesem – gleichen – Ergebnis mit tieferer Verankerung und Sicherheit. Bei Verlust der Spiritualität besteht eher die Gefahr, in Dogmatismus und totalitären Ansichten zu erstarren. Das gilt auch für die EthikerInnen, nur heißt es dort schlicht »Irrtum«. Bloß: Wer »irrt« denn hier und warum? Das kleine Flämmchen im großen Geist, das sich nicht erkennen will?

## Gemeinwohl

Den großen spirituellen, philosophischen und ethischen Strömungen folgend, haben Nationalstaaten das Gemeinwohl als zentrales Staatsziel ausgemacht. Das »Wohl der Allgemeinheit«, das »Wohl aller«, die »allgemeine Wohlfahrt« oder eben das »Gemeinwohl« haben es als oberstes Staatsziel in zahlreiche Verfassungen geschafft. Die spanische

Verfassung besagt, dass es Aufgabe des Staates sei, »das Wohl all jener zu fördern, die diesen bilden«. Die Schweizer Verfassung will die »gemeinsame Wohlfahrt« fördern, die liechtensteinische die »gesamte Volkswohlfahrt« und die US-Verfassung gibt »general welfare« der »people« als Ziel aus. Das Gemeinwohl ist die »Quintessenz« aus der Zusammenschau aller fundamentalen Freiheits- und Gemeinschaftswerte. In einer liberalen, gerechten, demokratischen und nachhaltigen Gesellschaft ist das Gemeinwohl das größtmögliche Wohl. Es garantiert keiner einzigen StaatsbürgerIn das individuelle Wohl, aber es bietet jeder Person die maximalen Möglichkeiten dafür. Amartya Sens Definition von Freiheit ist das Vorhandensein maximaler Verwirklichungschancen: Je mehr Verwirklichungschancen es gibt – in Form von Grundrechten, positiven Freiheiten, öffentlichen Gütern und Infrastrukturen –, desto freier sieht er Menschen. Claus Dierksmeier geht noch einen Schritt weiter und schließt mit dem Begriff der »qualitativen Freiheit« auch die Möglichkeit ein, Freiheiten zu erschaffen, die wir uns heute noch gar nicht vorstellen können – selbstverständlich unter dem liberalen »Freiheitsbegrenzungsvorbehalt«, dass meine (zusätzliche) Freiheit nicht auf Kosten deiner gleichen oder einer anderen Freiheit von dir gehen darf.

Aus meiner Sicht sind erfüllte Gemeinschaftswerte – Solidarität, Gerechtigkeit, Nachhaltigkeit – ähnlich wichtige Voraussetzungen für individuelle Freiheit wie die Achtung der Menschenwürde, die Garantie individueller Grundrechte oder die Gewährung von Wirtschaftsfreiheiten. Letztere sind nur instrumentelle Freiheiten und müssen deshalb stets begrenzbar und bedingbar bleiben. Die Absolutstellung der Wirtschaftsfreiheiten führt in den »Wirtschaftsliberalismus« oder, noch schlimmer, in die Handelsdiktatur, als das ich das geplante transatlantische Handelsabkommen TTIP bezeichne. Die Durchsetzung ganz bestimmter Freiheiten zugunsten weniger auf Kosten vieler sowie auf Kosten der gleichen Freiheiten aller ist alles andere als liberal. Würden verschiedene Modelle freier Gesellschaften zur Wahl gestellt, würde sich bestimmt ein anderes Verständnis von »liberal« durchsetzen als das heute vorherrschende. Damit ist konkret gemeint …

Eine Gesellschaft, in der (Option A):

➤ soziale Sicherungssysteme vor Absturz und Ausgrenzung schützen,

➤ öffentliche Güter und Commons die privaten ergänzen,

➤ die Startchancen durch ein öffentliches Bildungs- und Gesundheitssystem sowie die Beschränkung des Erbrechts gleichmäßig verteilt sind,

➤ die Ungleichheit bei Einkommen und Vermögen begrenzt ist,

➤ Privateigentum, Gemeinschaftseigentum, Gesellschaftseigentum, öffentliches Eigentum und Naturnutzungsrechte maßvoll koexistieren,

➤ Unternehmen ab einer bestimmten Größe am weiteren Wachstum gehindert werden,

➤ Handelsräume durch gemeinsame Arbeits-, Sozial-, Steuer-, Umwelt-, Transparenz- und Antikorruptionsstandards geschützt werden,

… ist in Summe freier als eine Gesellschaft, in der (Option B)

➤ jede/r auf sich selbst gestellt ist,

➤ öffentliche Güter und Dienstleistungen (Daseinsvorsorge) prinzipiell privatisiert und Staaten auf ihre vorgeblichen »Kernaufgaben« abgemagert werden,

➤ arme Kinder in öffentliche und reiche in private Schulen gehen,

➤ Arme in öffentliche Krankenhäuser und Reiche in private gehen,

➤ das Erbrecht unbeschränkt ist,

➤ Privateigentum grenzen- und bedingungslos geschützt wird,

➤ Unternehmen unendlich groß werden dürfen bis hin zur globalen Systemrelevanz,

➤ der Kapitalverkehr in Steueroasen frei ist,

> Handel an keine sozialen, ökologischen, demokrati-
  schen und menschenrechtlichen Bedingungen geknüpft wird (»Freihandel«),

> Natur privat angeeignet und bedingungslos genützt
  werden darf.

Bei einer solchen Wahlmöglichkeit würden vermutlich
in allen Ländern klare Mehrheiten für die erste Option
votieren. Doch diese Entscheidung haben die meisten
Menschen nicht, weil die Regierungen in so gut wie allen Staaten dieselbe Politik zugunsten globaler Eliten
machen. Das *pensée unique* (Bourdieu) ist die Zwil-
lingsschwester der »Postdemokratie« (Colin Crouch):
Die Eliten teilen eine Weltanschauung, eine Erzählung
und Interpretation des Zeitgeschehens zu ihren Guns-
ten und verbreiten sie über die Medien, die unter ihrer
Kontrolle stehen. Die sozialen Medien können diesen
Monopolisierungstrend nur teilweise konterkarieren,
zum Teil verstärken sie sogar die soziale Kontrolle.

Die gegenwärtigen Demokratien lassen eine Gemeinwohl-Gesellschaft nicht zu: Sie sind zu medien-
konzentriert, kapitalistisch, undemokratisch und il-
liberal. Eine Gemeinwohl-Gesellschaft bedarf effektiver Gewaltentrennung, tatsächlich gleicher Rechte
für alle, direkter Demokratie, verfassungsmäßiger
Friedenspflicht, einer dritten Generation ökologischer Menschenrechte und einer Neukonzeption von
Geld als öffentlichem Gut.

Und solche politischen Güter bedürfen mehr als nur der reinen Staatsform Demokratie. Sie bedürfen einer großen Zahl von PflegerInnen und KümmerInnen der demokratischen Essenz und diese wiederum bedürfen effektiver Partizipations-, Mitgestaltungs-, Initiativ- und Kontrollrechte für die SouveränIn. Sonst wird die rein repräsentative Demokratie von mächtigen Eigeninteressen vereinnahmt und ausgehöhlt wie ein von Käfern zerfressener Baum: Baum drauf, Käfer drin. Die Gedeihensbedingungen für den Baum der Demokratie sind: Freiheitswille der Individuen, effektive Partizipationsrechte, ethische Ökonomie, Größengrenzen für Unternehmen, unabhängige Medien, politische Bildung einschließlich Herzensbildung und Methodenkompetenz in achtsamer Kommunikation und demokratischer Entscheidung. In Summe können sie das labile demokratische Gleichgewicht stabil halten.

## Gemeinwohl-Ökonomie

Eine spirituell grundierte Ökonomie ist *per definitionem* gemeinwohlorientiert. Sie ist durchdrungen vom Geist der Ganzheit und der achtsamen Perspektive auf alle. Sie lässt keinen Wert unberücksichtigt und grenzt kein Lebewesen aus. Sie sorgt gleichermaßen für starke Bindungen und individuelle Freiheitsräume. Spirituelle, von diesem Geist durchdrungene, von dieser Energie durchflossene Menschen agieren aus innerem Antrieb heraus, weil politisches Handeln ihrem Herzen entspringt. Wer mit allem verbunden ist und mit allen fühlt, wird

➤ Dinge nie nur um des Geldes willen machen,

➤ nicht versuchen, sich auf Kosten anderer zu bereichern,

➤ keinen spekulativen und sinnlosen Tätigkeiten nachgehen,

➤ die Schädigung von Grundwerten und Gemeinschaftsgütern vermeiden,

➤ an der Errichtung einer Wirtschaftsordnung mitwirken, die Gemeinwohl-Verhalten belohnt,

➤ mitverantwortlich auf die Einhaltung der Regeln achten,

➤ mit gutem Beispiel vorangehen, unabhängig vom Inhalt der Gesetze.

Verbundene Personen werden herausfinden, was ihr ganz spezifischer Beitrag zur Welt ist, der ihnen als Individuum Sinn und Erfüllung gibt und ein würdiges Dasein sichert; und der gleichzeitig der Gesellschaft wichtige Güter und einen ethischen Mehrwert liefert, wodurch Gemeinschaft gelingt. Sie werden bei jedem Arbeitsschritt, bei jeder Investition und Interaktion darauf achten, dass dem Gemeinwohl gedient ist und dieses ein Stück größer werde. Zu einer solchen Gemeinwohl-*Haltung* oder Gemeinwohl-*Ethik* kann ein Mensch durch langes Studium philosophischer, psychologischer und soziologischer Schriften kommen – oder auf natürliche Weise ganz von selbst: durch spirituelle Verbundenheit und Praxis. Je mehr Menschen eine solche Gemeinwohl-Ethik einnehmen und leben, desto »reifer« wird die Weltgesellschaft für eine Gemeinwohl-Ökonomie. Für eine solche Geisteshaltung gegenüber der Wirtschaft gibt es zahlreiche VordenkerInnen. »Man muss Handel treiben für das Gemeinwohl«, schrieb Bernhardin von Siena. Der Gründer der Sparkasse Pollensa auf den Balearen, Guillem Cifre de Colonya, sagte: »Es gibt keine größere Befriedigung in der Welt, als für das Gemeinwohl zu arbeiten.« Friedrich Wilhelm Raiffeisen formulierte: »Geld ist indeß nicht Zweck, sondern Mittel zum Zweck.« Das Grundgesetz sieht vor: »Der Gebrauch des Eigentums soll zugleich dem Wohl der Allgemeinheit dienen.«

Die beiden großen ökonomischen »Narrative« und gleichzeitig Experimente Kapitalismus und Kommunismus haben uns entscheidende Hinweise gegeben, sie waren eine notwendige Lektion für die Menschheit, ohne deren reale Erfahrung wir uns nicht zu einer wirklich freien und verbundenen (wie auch nachhaltigen) Form der Wirtschaftens weiterentwickeln könnten. John Kenneth Galbraith hat die beiden ex-

tremen Wirtschaftsformen trefflich beschrieben: »Im
Kapitalismus beutet der Mensch den Menschen aus. –
Im Kommunismus ist es genau umgekehrt.« Die Absolutstellung von Werten – Individualismus oder Sozialismus – führt zur Beschneidung anderer, gleich
wichtiger Werte. Darauf deuten schon die »Ismen«
hin. Dann kippt das Werte-System aus der Balance.
Das Gemeinwohl stellt sich nur ein, wenn alle Grund-
werte ihren berechtigten Platz erhalten. Freiheit und
Gemeinschaft, Privateigentum und öffentliche Güter
sind keine Widersprüche, sie müssen in Balance ge-
bracht werden. Die Kunst des Maßfindens und des
Ausgleichs klingt unspektakulär, ihre Wirkung ist umso mächtiger.

### Eigentum: Vielfalt!

Eine Gemeinwohl-Ökonomie zeichnet sich auch
durch Vielfalt und Toleranz aus: In Gottes Garten hat
alles Mögliche Platz, um nicht zu sagen: alles. Aber alles hat eben auch »seinen« Platz. Der Paradiesgarten
ist keine öde Monokultur und kein exakt vermessener
Barockpark. Eden ist ein Garten der Vielfalt mit unter-
schiedlichsten Früchten, Formen, Farben, Größen
und Düften. Das gilt auch für Eigentum.

In einer spirituell fundierten Gemeinwohl-Ökonomie haben daher alle Eigentumsformen ihren Platz: öf-

fentliches, privates, Gemeinschaftseigentum (Allmenden oder Commons), Gesellschaftseigentum und auch Nichteigentum. Keine Eigentumsform erhält absoluten Vorrang vor allen anderen, jede darf ihre Kraft innerhalb des Ganzen entfalten, alle unterliegen Bedingungen und Begrenzungen, um Imbalancen, Krebsgeschwüre und Monokulturen zu vermeiden. Die Kunst besteht darin, undogmatisch für jede Anwendung die optimale Form zu finden – und noch Freiraum für Experiment und Irrtum zu belassen.

Beispielsweise könnte die Infrastruktur und Grundversorgung mit Wasser, Energie, Geld, Bildung und Gesundheit in Form von öffentlichen Gütern organisiert sein, die aber demokratisch kontrolliert werden. Konsumgüter des täglichen Gebrauchs, angemessener Wohnraum und kleinere Unternehmen könnten Privateigentum sein. Große Unternehmen könnten auch als Gesellschaftsbetriebe geführt werden. Wälder, Weiden und Fischgründe könnten als Allmenden bewirtschaftet werden. Die Ökosysteme sind als Regulatoren von Sauerstoff, Feuchtigkeit, Temperatur und Artenvielfalt als globale öffentliche Güter zu schützen. Die Natur könnte auch gänzlich vom Eigentumsrecht ausgenommen werden – zugunsten von Nutzungsrechten, die wiederum an Bedingungen geknüpft sind. Und so wie sich der Staat nicht in Kleinkram einmischen und etwa als Füllfederhersteller versuchen sollte (Begrenzung von öffentlichem Eigentum), dürfen Unternehmen im reinen Privateigentum nicht zu groß werden – sie würden zu einflussreich und mächtig, die Kontrolle und Mitbestimmung der Gesellschaft käme zu kurz.

Das Potenzial der Vielfalt in der Eigentumsfrage kann am Beispiel des Laptops anschaulich gemacht werden: Die Hardware könnte entweder von einem Privatbetrieb oder einem gesellschaftlichen Großbetrieb stammen. Verschiedene Zulieferkomponenten, vom Bildschirm bis zum Stromkabel, von Privatbetrieben. Das Betriebssystem und die Anwendungsprogramme – die Software – könnten Techno-Allmenden sein; der Strom sowie der Internet-Zugang der NutzerInnen öffentliche Güter. Die Wartung und Reparatur könnte über Genossenschaften erfolgen, die flächendeckend anzutreffen sind, um Erreichbarkeit sicherzustellen. Der Grund und Boden, auf dem all diese Unternehmen stehen, gehört niemandem, er wird nur von den kleinsten politischen Gebietskörperschaften verwaltet und je nach Gemeinwohl-Bilanzergebnis den Unternehmen kostenlos, zu geringen oder hohen Gebühren zur Nutzung überlassen.

Vielleicht verhalten sich Eigentumsformen zueinander wie Organe oder Gefühle: Alle haben ihre Berechtigung und Funktion, keines ist überflüssig oder tabu, und keines ist das »wichtigste«. Das »goldene Maß« gilt für Eigentumsformen gleich wie für vermutlich fast alles im Leben. Das »goldene Maß« ist sicher nicht erreicht, wenn zwei Prozent der Weltbevölkerung 80 Prozent des Privateigentums besitzen oder, wie in Deutschland, das Vermögen der einen bis zu 50 Milliarden Euro beträgt, aber 50 Prozent der Bevölkerung kein Netto-Vermögen haben. Oder wenn die höchsten Einkommen das 350 000-Fache des Mindestlohns ausmachen wie in den USA. Das goldene Mittelmaß wäre sicher auch nicht erreicht, wenn alle exakt gleich viel verdienen würden oder wenn das gesamte Eigentum vergesellschaftet oder Staatseigentum wäre. Näher am goldenen Maß ist eine Gesellschaft vermutlich, wenn sie MillionärInnen, aber nicht MilliardärInnen zulässt; wenn es eine negative Erbschaftssteuer und ein Mindesterbe für alle gibt; wenn die Einkommensungleichheit ebenso durch demokratischen Beschluss begrenzt wird wie die Größe von Unternehmen, die in ausschließlicher privater Verfügungsgewalt stehen.

## Gemeinwohl-Bilanz

Dem goldenen Gleichgewicht kommen wir näher, wenn es zwar private und gemeinschaftliche Unternehmen gibt, diese aber nicht ausschließlich den Nutzen ihrer privaten oder kollektiven EigentümerInnen mehren, sondern auch einen Beitrag zum Gemeinwohl leisten und darüber Rechenschaft ablegen müssen, zum Beispiel in Gestalt einer Gemeinwohl-Bilanz. Das würde auch endlich den Willen des Grundgesetzes umsetzen. Artikel 14 gebietet nämlich: »Eigentum verpflichtet. Sein Gebrauch soll zugleich dem Wohl der Allgemeinheit dienen.« Eine Gemeinwohl-Bilanz wäre die verbindlichste und direkteste Form des Nachweises, wie ein Unternehmen in privatem oder öffentlichem Eigentum »zugleich dem Wohl der Allgemeinheit dient«. Ohne diesen Nachweis bleibt der Imperativ des Grundgesetzes ein Wunsch von gleicher Frömmigkeit wie die Hoffnung Adam Smith', eine »unsichtbare Hand« möge dafür sorgen, dass die Einzelinteressen der Marktteilnehmenden am Ende des Tages zum allgemeinen Wohl zusammengeführt werden.

Diese Smithsche Seifenblase wurde vom Schweizer Wirtschaftsethiker Peter Ulrich trefflich als »marktmetaphysische Gemeinwohl-Fiktion« entlarvt. Das Vertrauen des sonst so scharfsichtigen Smith' in den Marktmechanismus ist in diesem Punkt von ähnlicher Substanz wie der Satz: »Wenn jeder an sich selbst denkt, ist an alle gedacht.« Ist es eben nicht, und der Beweis dafür wurde auch nie erbracht. Solange es Unternehmen freisteht, ob sie die Unternehmensfreiheit und das private Eigentum (an Produktionsmitteln) zur Maximierung des Eigennutzes oder zur Mehrung des Gemeinwohls verwenden, kann es immer welche geben, die der ersten Option zuneigen oder diese zur Gänze ausreizen. Einschließlich des gezielten Gesetzesbruchs, sofern dieser selbst bei Strafe günstiger kommt als die Einhaltung des Gesetzes.

Manche Großkonzerne wurden Hunderte Male rechtskräftig verurteilt – und machen profitabel weiter. Das ist noch nicht die Grenze: Über Lobbys machen die Konzerne gleich selbst die Gesetze, der Bruch erübrigt sich. Die Ungleichheit schreitet in der Folge parallel zum progressiven Raubbau am Planeten voran. Um diesen zu verhindern, ist der Appell an die Tugendhaftigkeit der privaten EigentümerInnen, an die einzelnen von privater Hand geführten Unternehmen nicht ausreichend; es müsste zumindest eine »sichtbare Hand« in Form eines wirtschaftspolitischen Rechtsrahmens das tugendhafte Verhalten belohnen und gegenüber dem weniger ethischen Mitbewerber in Vorteil stellen. Denn die gegenwärtige Marktdynamik setzt die Unternehmen mit dem höchsten Finanzgewinn in Vorteil gegenüber Unternehmen mit der nobelsten ethischen Performance und dem größten Gemeinwohl-Beitrag: Derzeit zersetzen die Marktkräfte die Hoffnung von Adam Smith und lassen seine Seifenblase platzen.

Wenn jeder nur an sich selbst zu denken braucht (Individualismus) und nicht gleichzeitig an die anderen (Gemeinwohl-Orientierung), dann wird die Ge-

sellschaft in GewinnerInnen und VerliererInnen ge-
spalten. Ein so gestalteter Markt produziert Arbeits-
losigkeit, Ausgrenzung, Armut, Ungleichheit, Wachstumszwang und Umweltzerstörung. Es kommt zu
einem systemischen Verlust von Werten, Sinn und
Vertrauen; Angst und Kriminalität breiten sich aus,
und im schlimmsten Fall mündet das generalisierte
Gegeneinander in den (BürgerInnen-)Krieg. Vor einem solchen warnen immer mehr VertreterInnen der
gesellschaftlichen Eliten: von George Soros und Klaus
Schwab beim Weltwirtschaftsforum über IWF-Direk-
torin Christine Lagarde bis zum OECD-Generalse-
kretär José Ángel Gurría. Papst Franziskus aus Argen-
tinien meint, dass »diese Wirtschaft tötet«, und setzt
dagegen, dass »das Gemeinwohl der Polarstern jedes
Engagements für die Allgemeinheit« sei. Das trifft es,
deshalb sollte der Stern des Gemeinwohls nicht nur
aus der Verfassung heraus-, sondern auch in das Eigentumsrecht hineinleuchten.

## Ökologische Rechte

Wenn sich Menschen über ihr ökologisches Selbst
mit dem Planeten identifizieren und mit Mutter Erde
verbunden sind, wenn sie Gaia erkannt und anerkannt haben, werden sie sich vermutlich problemlos
mit dem Gedanken anfreunden, diesem Lebewesen

Würde und einen eigenen Wert zuzugestehen. In der Verfassung Ecuadors hat die »Pacha Mama«, die Mutter Erde, bereits eigene Rechte erhalten – vom Schutz aller Lebewesen und der unterschiedlichen Ökosysteme, des genetischen Erbes und der Artenvielfalt bis hin zum individuellen Klagerecht, wenn die Regierung ihrer Schutzverantwortung nicht nachkommt.

Gaia ist großzügig: Sie liefert der Menschheit Jahr für Jahr ein riesiges Geschenk: Luft, Wasser, Wald, fruchtbare Böden, Pflanzen, Tiere, Pilze, Mikroorganismen. Dieses Angebot an biologischen Ressourcen ist die ökologische Grundlage der Weltwirtschaft. Es bildet die Nachhaltigkeitsgrenze des jährlichen Ressourcenkonsums der Menschheit. Wir Menschen haben die Aufgabe, innerhalb dieses Angebots der Natur die Grundbedürfnisse aller Menschen zu befriedigen. Umgekehrt ergibt sich aus der Universalität der wirtschaftlichen, kulturellen und sozialen Menschenrechte ein ökologischer *Mindestkonsum*, um zu verhindern, dass Menschen hungern oder frieren.

Beide Grenzen – die Obergrenze der Biosphäre und der Mindestkonsum der Menschheit – werden von Kate Raworth als »Doughnut-Modell« dargestellt: Die Grundlage ist die planetare Biosphäre. Der innere – rote – Ring des Doughnuts stellt den Mindestkonsum der Menschheit dar. Der äußere – grüne – Ring versinnbildlicht die Nachhaltigkeitsgrenze des Planeten. Aufgabe einer intelligenten und nachhaltigen Ökonomie ist es, den Konsum der Menschheit zwischen diesen beiden Begrenzungslinien im »Nachhaltigkeitskorridor« zu halten.

Eine nachhaltige und gleichzeitig liberale Lösung für die Doughnut-Doppelmühle wäre, dass allen Menschen dieselben ökologischen Rechte zugestanden werden – in einer dritten Generation der Menschenrechte, nach dem UN-Zivilpakt und dem UN-Sozialpakt. Der UN-Ökologie-Pakt würde allen Menschen die gleichen Umweltnutzungsrechte verbriefen. Das ökologische Grund(nutzungs)recht ist ebenso bedingungslos, unveräußerlich und unverhandelbar wie alle anderen Grundrechte. Gleichzeitig setzt es nur das Limit des Umweltverbrauchs fest. Innerhalb dieses Limits sind alle Menschen gleich frei und können ihren Lebensstil ganz individuell gestalten: eine gleichermaßen liberale wie nachhaltige Lösung.

Eine mögliche Variante, die zu einer doppelten sozialen und ökologischen Dividende führen würde, könnte darin bestehen, dass das ökologische »Mehr-als-mindestens-notwendig«-Recht, das zwischen der roten und der grünen Linie liegt, handelbar wird. Dann könnten sich einige Menschen einen größeren Fußabdruck erlauben als der Durchschnitt, weil andere im gleichen Ausmaß darunterblieben. Arme könnten ihr »Mehr-Recht« nach der Abdeckung aller Grundbedürfnisse den Reichen verkaufen und hätten jedes Jahr eine neue Chance, es in steigendem Maß doch selbst in Anspruch zu nehmen. Die Genügsamen könnten es den materiellen HedonistInnen verkaufen. Oder es könnten damit Kontingente für Flugreisen für VertreterInnen definierter Organisationen, Regierungen und Parlamente verteilt werden – ohne dass eine dieser Gestaltungsvarianten die Planetin über das von ihr geschenkte Maß belasten würde.

Die von 6000 Organisationen unterstützte Erd-Charta von 1990 stellt einen wichtigen Schritt in Richtung »Dritte Generation der Menschenrechte« dar. Sie spricht von »unserer Heimat Erde«, der »Gemeinschaft allen Lebens« und der »heiligen Pflicht, die Erde zu schützen«. Dem Leben wird ein Eigenwert zugesprochen: »Alles, was ist, ist voneinander abhängig, und alles, was lebt, hat einen Wert an sich, unabhängig vom Nutzwert für die Menschen.« Ein solcher Geist ist ein großer Fortschritt im Denken gegenüber dem mechanistischen Paradigma und dem Mensch-Natur-Dualismus. Möge er zu verbrieften Rechten der Mutter Erde führen, die zugleich die dritte Generation der Menschenrechte sind.

## Direkte Demokratie

Die Fähigkeit, die Verbindung mit dem großen Ganzen und seiner Weisheit herzustellen, schlummert vermutlich in allen Menschen, ist in jeder und jedem von uns angelegt – von derselben kreativen Intelligenz, die uns Menschen überhaupt erst erschaffen hat. Die Bestimmung der Menschheit liegt nicht zuletzt – oder vielleicht doch – darin, diese »höhere Natur« zu erkennen, anzunehmen und zu leben. Die »weltliche« Seite des Erschließens und Ausschöpfens dieses Potenzials ist die Mitgestaltung des Zusammenlebens im Gemeinwesen, das Mitzimmern der demokratischen Gesellschaft.

Die heute oft beobachtete Tatsache, dass Menschen sich nicht für die Politik interessieren, den Wahlen fernbleiben und auch keine wirkungsvolleren Beteiligungsrechte einfordern, ist vielleicht eher Ausdruck dessen, dass in vielen Menschen der Freiheitswille, die Initiativkraft, die Liebe zum Leben und zur Selbstwerdung schwächelt, weil er gründlich ausgetrieben oder durch mangelnde Vorbildwirkung gar nicht erst aufgebaut wurde. Politisches Desinteresse ist vielleicht nicht so sehr Ausdruck davon, dass Menschen von Natur aus nicht frei sein *wollen* oder dass es wenige Alpha- und viele, viele Beta-Tierchen gibt. Viele sehen das so: Nicht alle Menschen seien zum Führen geboren und nicht jeder Mensch habe einen inneren »Auftrag«, eine spirituelle Mission. Meine Wahrnehmung ist: Die Tatsache, dass sich eine Minderheit wie Alpha- und die Mehrheit wie Beta-Tierchen verhält, ist Ausdruck gesellschaftlicher Verhältnisse, die ihrerseits Ausdruck geistiger Denkmuster sind, die genau solche Verhältnisse hervorbringen. Der Mensch verharrte vor der Aufklärung in der selbst verschuldeten Unmündigkeit und Unfreiheit, und er ist auch nach der Aufklärung in der Lage, sich erneut in eine selbst verschuldete Unmündigkeit und Unfreiheit zu manövrieren oder in dieser zu verharren, wenngleich die äußeren Umstände formal auf »Demokratie« gewechselt haben. Nichts in unserer »Natur« zwingt uns zur Freiheit. Wir haben die Möglichkeit, individuell und kollektiv unfrei zu sein und Strukturen der Unfreiheit zu zimmern und wieder aufzulösen. Die Freiheit beginnt im Geist, ebenso wie die Unfreiheit. Wir haben die Wahl zwischen Unfreiheit und Freiheit – und die Wahl, uns in beiden Fällen frei oder unfrei zu fühlen.

Doch das ist nicht der Punkt, auf den ich hier hinaus möchte. Mir geht es vielmehr darum, dass ich niemanden auf der Welt kenne, die oder der es gut findet, dass es systemrelevante Banken gibt oder Steueroasen oder Geierfonds oder feindliche Übernahmen oder Hochfrequenzhandel oder Konzerne, die so mächtig sind, dass sie vom Rechtsanwalt bis zum Parlamentsmitglied, von der wissenschaftlichen Studie bis zum Fernsehsender alles kaufen und für ihre Zwecke instrumentalisieren können. Das findet niemand richtig, und sehr viele Menschen fühlen sich durch solche Fehlentwicklungen eminent unfrei und ohnmächtig. Und genau dies könnte genützt werden, um solche Missstände zu ändern, durch Hinwendung zur Demokratie, durch ihren Umbau zu einer echteren, wirkungsvolleren, direkten, ja: souveränen Demokratie. »Souverän« kommt vom Lateinischen *superanus* und heißt »über allem stehend«. Das steht in den Verfassungen aller demokratischen Staaten, wird aber nirgendwo richtig gelebt.

Denn wenn die Bevölkerung tatsächlich über allem stehen würde, dann stünde sie über der Verfassung und könnte diese ändern oder neu schreiben. Sie stünde über Regierung und Parlament und könnte sie jederzeit abberufen, ihre Gesetzesvorhaben stoppen oder selbst ein Gesetz initiieren und beschließen. Von diesen »souveränen Grundrechten« genießen die nominalen Souveräne in Deutschland oder Österreich kein einziges. Diese sind aber nötig, um Regierungen und Parlamente effektiv zu kontrollieren und zu korrigieren. Mehr noch: um ihre Macht nicht nur zu beschneiden, sondern erst zu verleihen. Via Verfassung. Die Verfassung ist das »Königsinstrument« des Souveräns. In ihr regelt er (a) die Kompetenzen seiner

Vertretung, (b) die eigenen Grundrechte sowie (c) die inhaltlichen Leitlinien für sämtliche Politikfelder. Der Vertretung obliegt es, diesen Verfassungswillen auszuführen, mit Gesetzen, die ins Detail gehen und der Fachexpertise bedürfen. Aber das Fundament, die Verfassung, muss vom Souverän kommen. Die neue Arbeitsteilung zwischen Souverän und Vertretung könnte lauten: Die Verfassung vom Volk, die Gesetze vom Parlament. Mein persönlicher Traum ist es, die Entstehung einer »Verfassung von unten« mitzugestalten und mitzuerleben. Das Bild, das in mir ist, sind viele dezentrale Verfassungskreise, aus denen Delegierte in die höheren Verfassungskonvente entsandt werden, bis zur höchsten Ebene, auf der die finalen Varianten definiert werden, welche die SouveränIn abstimmt. Das Endergebnis ist die vom Volk dem Volk gegebene erste wirklich demokratische Verfassung: auf kommunaler, regionaler, nationalstaatlicher, europäischer oder globaler UN-Ebene. Keine dieser Ebenen ist Selbstzweck oder hat Vorrang. Es braucht sie alle. Die UN-Ebene ist der beste Ort, um die universalen Menschenrechte zu garantieren: die politischen, die sozialen, kulturellen und ökonomischen, und als Nächstes auch die ökologischen. Das Kriegsmonopol sollte ebenfalls an die UNO delegiert werden, sodass kein Staat mehr einen Krieg beginnen darf und, wenn er es täte, mit legitimierter Sanktion durch die gesamte Staatengemeinschaft rechnen müsste. Damit wäre endlich eine effektive Grundlage für gemeinsame globale Abrüstung – für globalen militärischen Frieden – geschaffen.

Auf der EU-Ebene lassen sich andere Kompetenzen ansiedeln (soziale Sicherheit), und wiederum weitere auf der Ebene der Nationalstaaten, der Regionen (Agrarpolitik) und der Kommunen. Und auf allen Ebenen könnten Demokratiekonvente die Kompetenzen dieser Ebene klären, die Gewalten trennen, die souveränen und individuellen Grundrechte definieren und die Richtlinien der jeweiligen Politiken festlegen. Um eine solche demokratische Weltgesellschaft zu errichten, bedarf es zahlloser Freiheitswilliger und eines erstarkenden kollektiven Freiheitswillens. Auch wenn sich viele Menschen ein solches Œuvre noch gar nicht vorstellen können (oder wollen, weil es Freiheit bedeutet), so sind die Grundsteine dieser Weltkathedrale der Demokratie doch längst gesetzt. Die Freiheit hat begonnen, und sie wird noch viele Menschen anstecken und durchdringen. Viele individuelle Freiheitswillen werden zu einem kollektiven Freiheitswillen zusammenfließen und die demokratische Weltgesellschaft materialisieren. Die *volonté générale* von Rousseau ist allerdings *nicht* das, was möglichst viele oder gar alle *gemeinsam wollen*: Das wird es vermutlich nie geben; sondern sie ist die Summe aller Einzelwillen, die sich zunächst ein demokratisches Regelwerk geben und dieses anschließend nützen, um aus *unterschiedlichen* Meinungen gemeinsame Gesetze zu schmieden. An einer so verstandenen kollektiven Freiheit werden immer mehr Menschen teilhaben wollen.

Ein Ziel der Menschheit könnte sein, dass wir nach Freiheit in Form von Mitgestaltung und Miterschaffung streben, wie heute schon die allermeisten nach Erkenntnis, Weisheit, Liebe und Zärtlichkeit streben. Und wir wären umso freier, je mehr Menschen diesen Willen zur Mitbestimmung und Mitgestaltung entwickeln würden. Je mehr erkennen würden, dass wir nicht nur lebendige Kreaturen der intelligenten Evolution sind, sondern dass wir *Teil* der Evolution sind und diese auf allen Ebenen und in allen Dimensionen bewusst mitgestalten können.

# Synthese

## Spiritualität – Freiheit – Gemeinwohl

Spirituell erwachte Menschen – solche, die ihre doppelte Identität erkannt haben und daran arbeiten – erkennen zumindest zwei Dimensionen von Freiheit: zum einen, ganz sie selbst zu werden, einzigartig. Und zum anderen, das Gemeinwohl maximal zu befördern durch ihren Einsatz für gelingende Beziehungen und Gemeinschaften, durch achtsame Kommunikationsformen, demokratische Entscheidungsprozesse, gerechte Regeln und maximale Freiheitsoptionen für jedes Individuum, die nicht zulasten der anderen gehen. Ohne dass der Einsatz dafür zum einzigen Inhalt ihrer erfüllten Leben würde. Sie verbrennen sich weder in öffentlichen Verantwortungsrollen, noch schotten sie sich von der *res publica* ab à la Biedermeier-BürgerInnen oder altgriechischer »idiotai«, dem Gegenstück zum »zoon politikon«. Sie halten ihr Privatleben und ihre Teilhabe am öffentlichen Leben in Balance, im Rahmen einer umfassenden Lebensbalance. Analog zu den Polen Individualismus und Sozialismus kursieren Zerrbilder vom politischen Menschen (»polites«) und vom unpolitischen (»idiotes«). So wird der unpolitische und asoziale »homo oeconomicus« bisweilen so gezeichnet, als sei er ausschließlich konsum- und vergnügungsorientiert, als habe er die demokratische Agora gegen das Shopping-Center und die politische Bildung gegen Entertainment eingetauscht. Spiegelbildlich wird dem Modell der Gemeinwohl-Ökonomie vorgeworfen, dass die Menschen zu VollzeitdemokratInnen werden und den lieben langen Tag in Gremien und Konventen absitzen müssten: »Wer soll eigentlich arbeiten und all die zu verteilenden Mittel produzieren, wenn wir alle in Konventen sitzen?«, wurde gefragt. Beides sind Extreme, die kein sinn- und genussvolles Leben in Balance zulassen. Aber einmal im Leben in einem demokratischen Konvent auf kommunaler, regionaler, staatlicher oder UN-Ebene zu sitzen, für einige Jahre über das öffentliche Gut Wasser, Strom, Bildung oder Geld mit anderen zu wachen oder zweimal im Jahr an einer direktdemokratischen Entscheidung teilzunehmen, zur Sonnwende oder zu Frühjahrs- und Herbstbeginn, dass könnte ein sinnvolles Maß für das formaldemokratische Engagement sein – zusätzlich zum informellen politischen Engagement in Form von Bildung, Teilnahme an öffentlichen Gesprächen und Ausübung von Zivilcourage sowie gegebenenfalls von zivilem Ungehorsam und gewaltfreiem Widerstand, wenn freiheitliche oder demokratische Grundrechte in Gefahr sind. Oder zum Engagement für die gleichen ökologischen Rechte des Planeten – auch wenn dieser eine begrenzte Lebensdauer von einigen Milliarden Jahren hat und im Universum nur ein winziges Partikel ist, das aus universaler Perspektive so systemrelevant ist wie ein Molekül im Meer.

Spirituelle Menschen sind wach, aktiv, handlungsbereit und empathisch. Das ist Teil ihrer Freiheit, und das ist ein Schutz des Gemeinwohls.

## Sinn der Evolution

Auf den vorangegangenen Seiten habe ich einige Überlegungen zum Sinn des einzelnen Menschenlebens angestellt. Eine weitergehende Frage wäre, was ist der Sinn des größeren Ganzen? Welches das Ziel der Evolution? Rilke sagte: »Was haben wir von Anbeginn gelernt, als dass sich eins im anderen wiedererkennt?« Das klingt fast danach, als würde das große Nichts zur eigenen Unterhaltung sich in tausend »Masken« erfinden, um sich selbst zu erfahren, durch all diese zu »tönen« und zu »klingen« und via diesen gigantischen Maskenball das Universum mit Sinn und Leben zu füllen. Durch die Interaktion der Geschöpfe entsteht Dynamik und Vielfalt, aber ist das schon der

Sinn und das Ziel? Einer Kraft, einer Intelligenz, einer Instanz? Ich bekenne, hier endet meine Einsicht, mehr habe ich noch nicht durchschaut. Vielleicht erzählt mir jemand eines Tages davon, vielleicht findet die »permanente Spiration« und vielleicht auch dieses Büchlein eine Fortsetzung. Ich für meinen Teil kann gut mit »Mysterien« leben, mit offengebliebenen Fragen. Ich muss nicht alles wissen. Täglich sterbe ich unwissend den »kleinen Tod«, bald schon den größeren. Und der ganz große?

## Finale Couragierung

Bleiben Sie gehorsam. Oder werden Sie es.

# Literatur

Wer tiefer und wissenschaftlich in die Gemeinwohl-Ökonomie einsteigen will, dem empfehle ich meine Bücher:

Felber, Christian: Neue Werte für die Wirtschaft, Deuticke, 2008.
Felber, Christian: Die Gemeinwohl-Ökonomie, Neuausgabe, Deuticke, 2012.
Felber, Christian: Geld. Die neuen Spielregeln, Deuticke, 2014.

Die folgenden Titel sind eine Auswahl für die weitergehende Beschäftigung mit dem Thema:

Bauer, Joachim: Prinzip Menschlichkeit. Warum wir von Natur aus kooperieren, Hoffmann und Campe, 2006.
Brodbeck, Karl-Heinz: Buddhistische Wirtschaftsethik. Eine vergleichende Einführung, Shaker Verlag, Aachen.
Capra, Fritjof: Wendezeit, dtv, München.
Dittmar, Vivian: Gefühle & Emotionen. Eine Gebrauchsanweisung, Verlag V. C. S. Dittmar, München.
Eisenstein, Charles: Ökonomie der Verbundenheit, Scorpio, München.
Frankl, Viktor: Der unbewusst Gott. Psychotherapie und Religion, dtv, München.
Fromm, Erich: Haben oder Sein, dtv, München.

Gottwald, Franz-Theo/Klepsch, Andrea (Hg.): Tiefenökologie. Wie wir in Zukunft leben wollen, Diederichs, München.

Gruen, Arno: Der Verrat am Selbst, dtv, München.

Gruen, Arno: Der Wahnsinn der Normalität, dtv, München.

Hesse, Hermann: Demian, Suhrkamp, Berlin.

Hesse, Hermann: Narziss und Goldmund, Suhrkamp, Berlin.

Hüther, Gerald: Was wir sind und was wir sein können. Ein neurobiologischer Mutmacher, S. Fischer, Frankfurt.

Kohn, Alfie: No Contest. The Case Against Competition, Houghton Mifflin Company, Boston/New York.

Lüpke, Geseko von: Politik des Herzens. Nachhaltige Konzepte für das 21. Jahrhundert, Arun, Uhlstädt-Kirchhasel.

Macy, Joanna/Brown, Molly: Coming Back to Life: The Updated Guide to the Work that Reconnects, New Society Publishers, Gabriola Island.

Steindl-Rast, David: Achtsamkeit des Herzens, Herder, Freiburg.

Ulrich, Peter: Zivilisierte Marktwirtschaft. Eine wirtschaftsethische Orientierung, Herder, Freiburg.

Weber, Andreas: Alles fühlt. Mensch, Natur und die Revolution der Lebenswissenschaften, Berliner Taschenbuch Verlag, Berlin.

Wilber, Ken: Eine kurze Geschichte des Kosmos, Fischer Taschenbuch, Frankfurt.